Bulbul SHARMA

La Colère des aubergines

Récits gastronomiques traduits de l'anglais (Inde)
par Dominique Vitalyos

Éditions
Philippe Picquier

Titre original : *The Anger of Aubergines*

© 1997, Bulbul Sharma, First published in India
by Kali for Women, B 1/8 Hanz Khas, New Delhi 110 016.
© 1999, Editions Philippe Picquier
pour la traduction en langue française
© 2002, Editions Philippe Picquier
pour l'édition de poche

Mas de Vert
B.P. 150
13631 Arles cedex

En couverture : Miniature indienne (école de Kanjva)
© Roland & Sabrina Michaud (Agence Rapho)

Conception graphique : Picquier & Protière

ISBN : 978-2-8097-0972-8
ISSN : 1251-6007

Sommaire

RÉCITS

Avant-propos :	
Dida le dit avec des choux-fleurs	7
De l'or en jarres	12
Un goût pour l'abnégation	21
En sandwich !	40
Concours d'agapes	55
La colère des aubergines	75
L'épreuve du train	86
Folie de champignons	106
Les affres sans fin de la faim	117
Le poisson-lune	129
Qui meurt dîne	141
Festin pour un homme mort	155
Son pesant de sucre	171

RECETTES
(prévues pour deux personnes)

Aubergines frites	85

Aubergines *bharta*	83
Biryani vert	72
Boisson chaude au gingembre et au miel	195
Choley aigre	127
Chou-fleur aux cinq épices	9
Chutney à la menthe	37
Curry d'agneau aux épinards	169
Curry d'aubergines au yaourt	84
Curry de viande au yaourt	82
Dessert aux pois de soja	74
Friture de champignons et de lentilles germées	116
Gâteau de carotte	52
Glaçage au fromage blanc	53
Graines de lotus au *cottage cheese*	154
Jus de dattes *(phalsa)*	54
Khîr à l'orange	194
Pakora aux épinards	38
Pickle de mangue	19
Poisson au yaourt	139
Pommes de terre à la poudre de mangue séchée	105
Pommes de terre aux graines de sésame blanc	73
Purée de lentilles *kali*	170
Riz à la tomate et à l'ail vert	51
Glossaire	197

Avant-propos
Dida le dit avec des choux-fleurs

Plusieurs sortes de graines – moutarde, fenouil, carvi, cumin, fenugrec – sont jetées dans l'huile de moutarde chaude. Leur arôme piquant s'élève dans un nuage de fumée qui encercle la tête de Dida et se dirige vers nous. Mon frère et moi penchons vers lui le haut du corps, attentifs à maintenir notre équilibre pour ne pas franchir la ligne invisible qui sépare la cuisine de Dida, ma grand-mère, du reste de la maison. Personne n'est autorisé à entrer dans la pièce minuscule et sombre que Dida lave à grande eau et récure quatre fois par jour. Oignons, ail, viande, plats en verre et domestiques n'en ont jamais passé le seuil. Par contre, une petite souris brune y habite. Nous l'apercevons parfois qui nous observe derrière une rangée de récipients en cuivre.

Dida prépare les repas assise sur le sol de la cuisine. Je la revois hacher menu des légumes, nettoyer le riz, pétrir la pâte ou nettoyer les épinards, inlassablement, bien qu'elle ne mange qu'une fois par jour et jeûne un jour sur deux comme toutes les veuves brahmanes orthodoxes.

Ma mère est quelquefois admise dans la cuisine, mais seulement après s'être baignée, lavé les cheveux et habillée de vêtements propres. Dida, qui, aussi loin que je me rappelle, a toujours été menue et vêtue du sari blanc des veuves, cuisine et mange avant les autres membres de la famille. Ses petits-enfants, ses fils, ses belles-filles et divers parents pauvres qu'il lui plaît de nourrir s'assoient autour de la longue table de marbre que jamais Dida n'effleure, bien que ce soit elle qui l'ait apportée en dot. C'est que le plateau de marbre exhale des relents de tout ce qu'elle déteste. Les riches currys de viande rouge, abondamment garnis d'oignon et d'ail, l'ont taché. A cette table polluée, ses fils ont invité des étrangers qui n'étaient sûrement pas des brahmanes. Elle a même vu un jour une bouteille de bière malodorante traîner dessus.

Dida aimait en faire le tour quand nous mangions, pour déposer dans nos assiettes de délicieuses aubergines frites, des *luchi*[1]*, des *mishti**. Elle se tenait toujours un peu en retrait, prenant grand soin de ne pas toucher la table. Ses mains pâles, que je la voyais laver au moins cinquante fois par jour, voletaient au-dessus de nous comme des libellules, et tout à coup quelque chose de délicieux se déposait sur notre assiette.

Dida n'était pas beaucoup plus grande que moi, quand j'avais douze ans. Elle était si menue que

---

1. Les mots suivis d'un astérisque à leur première occurrence sont expliqués dans le glossaire page 197.

son unique bracelet lui glissait du poignet quand elle prenait sa douche. Elle ne portait aucun autre ornement que ce bracelet d'or sans motif et légèrement bosselé. « Quand on meurt, disait-elle, il faut avoir sur soi un bijou en or à offrir en paiement à Yama, le dieu de la mort.

— Le prêtre le prendra, objectait mon oncle, un alcoolique qui n'avait pas peur de la contredire.

— Et alors ? Peut-être est-ce lui qui le donne à Yama », répondait-elle.

Une de ses recettes favorites était le chou-fleur aux cinq épices, un plat délicat, couleur d'or pâle, aux saveurs subtiles. Elle garnissait chacune de nos assiettes de monceaux de chou-fleur et de *luchi*, et les posait sur un plateau de cuivre qu'elle faisait glisser vers la salle à manger où nous attendions, l'eau à la bouche.

« Mange... mange... tu es tellement maigre », disait-elle en nous regardant attraper les assiettes comme des phoques bien dressés. Sa nourriture très simple, sans garniture ni couleur, nous était toujours particulièrement chère, parce que c'était sa façon à elle de nous caresser sans se polluer les mains.

CHOU-FLEUR AUX CINQ ÉPICES

1 petit chou-fleur, coupé
2 pommes de terre moyennes, coupées en dés
1/2 cuillère à café de mélange d'épices

(graines d'anis, de cumin, de carvi, de moutarde
et de fenugrec en proportions égales)
1 cuillère à café d'huile
sel à volonté

Faites chauffer l'huile dans un wok ou une poêle profonde. Ajoutez les cinq épices, jusqu'à ce qu'elles sifflent et éclatent. Jetez-y alors les pommes de terre et faites-les sauter légèrement. Ajoutez les morceaux de chou-fleur, salez, mélangez. Couvrez et laissez cuire à feu doux pendant cinq minutes. Remuez souvent pour que tous les ingrédients soient cuits au même point. Ils doivent être tendres, mais rester fermes. Servez chaud avec du riz ou des *puri**.

*

Quant à moi, je ne peux me targuer d'être une cuisinière active, mais j'adore collectionner les recettes. Je tiens de Dida quelques-unes de celles que ce livre contient; je suis sûre qu'elle serait contente de savoir que je les fais connaître. Quelques autres sont des recettes très appréciées autour de moi, que mes amis, ma mère et d'autres authentiques cuisiniers m'ont généreusement communiquées, ce que je fais à mon tour. Le reste est constitué de recettes de paresseuse que j'ai moi-même improvisées quand j'écrivais les histoires de ce livre.

Avant-propos

Je dédie ce livre à ma famille et à mes amis, qui ont absorbé stoïquement mes offrandes calcinées. Et merci à Jaya Banerji pour le beau titre qu'elle m'a suggéré. Essayez les recettes, mais notez bien que je décline toute responsabilité quant au résultat... Vous êtes prévenus !

BULBUL SHARMA,
Delhi, août 1997.

De l'or en jarres

Buaji comptait sur le bout de ses doigts tout en mesurant le *ghî* *. Chaque cuillerée tombait lourdement comme une motte de terre mouillée lors d'un glissement de terrain, pour atterrir exactement au centre du bol tenu d'une main ferme par le cuisinier. Tous deux regardaient le récipient tandis que leurs lèvres formaient silencieusement un chiffre... sept... huit... chaque fois que le *ghî* en atteignait la surface avec un son moelleux.

Buaji avait soixante-quinze ans, le cuisinier quelques mois de plus. Tous deux n'y voyaient plus très clair, mais ne portaient jamais leurs lunettes quand ils se rencontraient dans la réserve, chacun préférant se fier à ses yeux affaiblis plutôt qu'à de quelconques verres optiques pendant ce moment de concentration intense. Trois fois par jour, Buaji mesurait avec tant de soin les rations qu'elle remettait au chef cuisinier qu'aucun grain de riz, de sucre ou de *dâl* en excès ne pénétrait jamais dans la cuisine.

La réserve était fermée à clé. Son contenu n'était visible qu'à six heures et à onze heures le matin, puis à quatre heures l'après-midi, pendant dix minutes, comme s'il s'agissait d'objets précieux exposés dans un musée. Seule pièce de l'énorme maison au plan décousu dont l'entrée fût réservée, elle inspirait crainte et respect aux membres de la famille. Ils se bousculaient dans les couloirs, envahissaient le salon, se vautraient dans les multiples chambres, mais dès qu'ils passaient devant la réserve, leur comportement changeait. Les hommes accéléraient le pas pour marquer leur indifférence, sans pouvoir s'empêcher, cédant à une habitude d'enfance, d'y jeter un bref coup d'œil. Les femmes de la maison essayaient toujours de regarder furtivement à l'intérieur, prenant soin de ne pas tourner la tête à angle tout à fait droit vers la porte. Une légende familiale voulait qu'un des récipients fût empli de pièces d'argent que Buaji cachait parmi les jarres de condiments. Mais plus que de cet argent, je rêvais des pickles qui y brillaient comme des sequins d'or.

Buaji couvait avec une vigilance d'aigle sur son aire cette pièce sombre et étroite, dédale d'étagères au sol rouge vernissé et à petite fenêtre masquée de papier brun. Chaque fois que la porte s'ouvrait, il s'en échappait des effluves étranges qui s'en allaient flotter dans toute la maison. Un jour, j'avais dix ans, je tentai de me glisser incognito dans la réserve, mais Buaji me saisit au passage par les tresses dans une poigne d'acier et, sans me lâcher, continua de mesurer le riz, de l'autre main. Durant l'instant vertigineux qui précéda mon éviction, je pus entrevoir une rangée de bocaux de pickles irrésistibles, luisant dans la faible lumière distillée par le papier brun : mangues au sucre de palme, chou-fleur et carottes épicés dans un grand bocal de verre et, juste à côté, le fleuron de la réserve de Buaji : dix petits flacons de piments rouges fourrés aux épices.

« Cette enfant se prépare une carrière de voleuse, prédit Buaji à ma mère ce soir-là tandis que la famille siégeait pour me juger.

— Elle ne faisait que regarder... marmonna ma mère.

— Regarder ? Tu sais ce que des yeux avides font à mes pickles ? Ils moisissent en l'espace d'une nuit et, après, ils sont bons à jeter ! hurla Buaji. Ces pickles-là savent à qui ils ont affaire, et quand le moment est venu pour eux. » En dépit de la confusion que provoqua cette affirmation, la famille hocha la tête avec conviction. « Quand on les touche avec des mains sales ou pendant les mauvais jours du mois, dit-elle avec un regard accusateur en direction des femmes qui réagirent en rougissant, ou quand on nourrit de mauvaises pensées devant les bocaux, ils le détectent immédiatement, l'huile s'assèche et les épices tournent. » Nous sentant tous coupables, nous détournâmes nos regards de la réserve. « Quand je mourrai, vous pourrez vous repaître de mes pickles à vous rendre malades. » Buaji me tira gentiment les nattes. La colère dans son regard s'était évanouie.

Hors de danger, les pickles continuèrent à macérer derrière la porte verrouillée. Seul le chef cuisinier avait accès à la réserve deux fois par jour, quand Buaji mesurait les rations après s'être assurée du nombre des mangeurs. Enfants et serviteurs avaient droit à une demi-ration, les femmes un peu plus, et les hommes adultes recevaient de généreuses quantités de tout. A mon père, son favori, étaient accordés, non pas un, mais deux morceaux charnus de pickle de mangue, une queue de chou-fleur et parfois, en prime, une cuillerée de *chutney* de tamarin. Je le regardais manger – lui qui, dans le meilleur des cas, avalait distraitement – en espérant qu'il n'allait pas, laissant se mélanger mangue et tamarin, ruiner le goût des deux. Dès qu'il avait fini, je ramassais prestement son assiette pour en lécher toute la surface sur le chemin de la cuisine. Parfois, mon père donnait le pickle de mangue à ma mère, bien qu'elle ne le lui demandât jamais, et Buaji se mettait à tousser de colère.

Buaji n'avait jamais fréquenté l'école, mais c'était une experte en calcul mental. Elle pouvait déterminer la quantité d'ingrédients requis en se servant de ses doigts pour compter. Elle était d'ailleurs renommée pour ses compétences en la matière, et des parents plus ou moins proches la sollicitaient souvent pour mesurer sucre, riz, légumes et *ghî* aux festins de mariage. Les cuisiniers engagés pour la circonstance tremblaient en voyant sa silhouette minuscule, sèche et vive. Pris de panique, ils s'empressaient de remettre en place les rations qu'ils avaient cachées sous la table de la cuisine pour les emporter chez eux.

« Quatre cuillères pour Bannu et Mittu Bhayia, deux pour les brus, deux pour les enfants et trois pour vous autres de la cuisine », disait Buaji de sa voix claire et haut perchée, insistant sur le « vous autres ». Gêné, le cuisinier se balançait d'un pied sur l'autre avant de projeter sa culpabilité sur son jeune assistant, connu pour son appétit vorace, en lui jetant un regard coléreux.

Buaji mesurait le riz et le sucre à l'aide d'une petite tasse en argent qui n'avait pas bougé de la réserve depuis plus de trente ans. Mon père nouveau-né y avait bu du lait. Rien, dans cette pièce, ne changeait jamais de place et aujourd'hui encore, après tant d'années, il me suffit de fermer les yeux pour revoir les alignements de boîtes de biscuits, les bocaux chatoyants pleins des précieux pickles et les sacs de farine avachis dans leur coin sombre comme une rangée de corps gras et débauchés, affalés aux thermes romains. Certaines grandes boîtes portaient des noms de marques anglaises d'avant la guerre. Leurs étiquettes aux couleurs passées, primevères et jolies filles blondes, apportaient une note de gaieté à la pièce lugubre.

Buaji connaissait notre désir lancinant de lui dérober ses pickles, qu'elle distillait à chacun, excepté les hommes, en quantités aussi infimes. La réserve était donc pourvue d'un lourd et volumineux cadenas de cuivre, dont la clé ne figurait pas avec les autres au trousseau qui pendait à sa ceinture, mais s'accrochait, solitaire, à un porte-clés rapporté d'Angleterre par un de ses fils. C'était un disque de cuivre brillant marqué *Blackpool is Best* [1]. Buaji la cachait sous son oreiller la nuit et durant ses siestes après le déjeuner.

Par un sombre après-midi d'été, alors que toute la maisonnée dormait, j'eus une telle envie de manger du pickle de mangue que je voulus subtiliser la clé. Mais mon cœur de délinquante se glaça à la vue de Buaji. Elle était profondément endormie et je l'entendais ronfler doucement, mais ses yeux à demi ouverts me regardaient en pleine face.

Je n'étais pas l'unique voleuse de la maison. Une fois par mois, la maison se réveillait en plein chaos : Buaji, en se levant, avait constaté l'absence de la clé sous son oreiller.

« Bande d'ingrats ! Serpents que j'ai nourris de lait ! Voleurs, bandits, brigands ! Diables qui vendraient leur propre mère ! » hurlait-elle, et les domestiques, qui savaient d'emblée qu'elle s'adressait à eux, s'alignaient pour l'inspection. Ils se plaçaient toujours devant la porte de la réserve, probablement pour être proches du lieu du crime dont chacun était certain que son voisin était l'auteur.

« Videz toutes vos poches, y compris les poches de cambrioleurs de la doublure de vos gilets », ordonnait Buaji en les passant en revue. Eût-elle tenu une canne, elle en aurait, j'en suis sûre, relevé

---

[1] « Blackpool est le meilleur. »

le menton du cuisinier avec la raideur glaciale d'un général nazi dans un film de guerre.

« Ma... laisse-les donc... », disaient ses fils en quittant promptement la pièce sans attendre de réponse. Les femmes faisaient cercle à distance respectueuse pour assister à la scène.

Un par un, les serviteurs vidaient leurs poches. J'étais toujours stupéfaite devant l'assortiment incongru d'objets qu'ils portaient sur eux. Vivement, comme d'un baluchon de magicien, ils produisaient paquets de *bidi**, boîtes d'allumettes (que Buaji confisquait aussitôt, les revendiquant pour siennes), canifs émoussés, boutons, bouts de ficelle et cartes à jouer (elles aussi saisies par Buaji, qui grommelait avec colère « Alors c'est à cela que passe tout votre salaire ! »). La table était bientôt encombrée de stylos brisés, trognons de crayons, peignes miniatures, pilules noires bizarres, cartes postales à l'effigie de divinités et de vedettes de cinéma, vieilles lettres et documents précieux, ces derniers soigneusement enveloppés dans du plastique. Buaji et les domestiques étaient invariablement ébahis de constater que la clé de la réserve ne se trouvait jamais parmi leurs maigres possessions. Ils se regardaient les uns les autres avec une suspicion accrue, comme si l'un d'eux avait escamoté la clé.

Alors montaient les invocations aux dieux, sur le ton aigu de la plainte :

« O Krishna, ô Vasudeva, ô mère Parvati ! Bénissez cette maison. Faites que le voleur éhonté qui se trouve parmi nous rende ce qu'il a dérobé ! » Buaji ne prononçait jamais le mot « clé » dans sa prière, trouvant plus judicieux de laisser toute latitude aux dieux pour faire réapparaître un autre objet volé, le cas échéant.

La clé refaisait surface en milieu de matinée, juste à temps pour mesurer les rations du déjeuner, et la paix revenait dans la maison. Dans l'euphorie du soulagement, le cuisinier riait bruyamment dans la cuisine et assenait de grandes tapes sur le dos de ses jeunes aides. Buaji ne vérifiait jamais le contenu des jarres de pickles, des boîtes ou des sacs de la réserve, certaine que tout y était comme avant. La main invisible qui avait restitué la clé y veillait.

PICKLE DE MANGUE

1 kg de mangues vertes crues
1 1/2 cuillère d'huile de moutarde
3 cuillères à café de graines de fenugrec
4 cuillères à café de graines de fenouil
2 cuillères à café de poudre de piment
2 cuillères à café de poudre de curcuma
sel à volonté

Lavez et coupez chaque mangue en quatre morceaux dans le sens de la longueur. Jetez le noyau. Faites sécher au soleil pendant trois ou quatre heures. Faites chauffer l'huile dans le wok jusqu'à ce qu'elle fume. Ecrasez légèrement les graines de fenugrec, mélangez-les aux graines de fenouil avec le curcuma, la poudre de piment et le sel. Versez la moitié de l'huile sur ce mélange. Placez les tranches de mangue dans un grand bol et ajoutez-y le mélange à la main, de sorte que chaque morceau de mangue soit couvert d'huile et d'épices. Transférez dans des jarres en terre ou dans des bocaux de verre préalablement stérilisés. Versez le restant de l'huile. Recouvrez le récipient d'une mousseline et attachez-la.

Laissez au soleil pendant quatre ou cinq jours. Otez la mousseline et remplacez-la par un couvercle. Secouez les récipients de temps à autre pour émulsionner l'huile. Dégustez avec des *paratha** ou des *puri*.

Un goût pour l'abnégation

Bala était venue habiter avec nous après une tournée longue et épuisante des maisonnées de la famille. Chaque séjour avait entamé un peu plus la fragile dignité qu'elle cherchait à grand-peine à conserver. Mais le sourire perpétuel imprimé sur son visage comme une marque de naissance dénonçait sa condition de parente pauvre. Personne, dans notre vaste famille éparpillée, ne se rappelait à quel lien elle devait d'en faire partie, mais chacun s'adressait à elle par un terme de parenté. Je l'appelais Tati. Ma nièce l'appelait « petite grand-mère », pour la distinguer de ma mère. Pour mes oncles, qui ne lui parlaient que rarement, elle était « grande sœur Bala ». Etrangement, mon père lui disait « tante », rendant plus confus encore le lien qui nous unissait. Bala répondait à chacun de ces noms avec son sourire invariable et une légère inclinaison de la tête pour marquer son consentement à faire tout ce qu'on lui demandait et à accepter que beaucoup lui soit dénié.

Si quelqu'un s'apprêtait à lui offrir quelque chose à manger, ce qui arrivait d'ailleurs très rarement, elle le devançait en disant « je n'en veux pas » et se levait dans un sursaut. Elle n'avait que des besoins réduits, mangeait très peu, ne tombait jamais malade, ne s'énervait pas, ne pleurait jamais.

Bala vivait souvent à la maison depuis mon enfance. Pourtant je ne me rappelais jamais son visage quand elle s'absentait. Des années de séjour dans des familles qui ne la toléraient que pour son utilité à la cuisine et son efficacité d'infirmière quand quelqu'un était malade, avaient enseigné à Bala comment se cantonner à l'arrière-plan tout en manifestant qu'elle était là pour se rendre utile. Où qu'elle habitât, Bala savait se mêler à la famille sans se faire remarquer.

Le soir, quand nous nous retrouvions pour boire d'interminables tasses de thé et échanger les derniers potins du clan, Bala choisissait toujours la chaise la plus inconfortable et s'asseyait tout au bord, comme un ressort contracté, prête à bondir sans délai si quelqu'un désirait quelque chose, n'importe quoi.

« Du sel… », disait ma mère sans s'adresser à Bala mais en regardant le plafond, faisant de ses mains le geste stérile d'agiter une salière. Seule Bala se précipitait à la cuisine.

« Les *pakora** ne sont pas bons ? » demandait-elle avec anxiété à chacun de nous pendant que nous mangions.

Les *pakora* de Bala étaient fameux. Personne dans la famille n'en préparait d'aussi bons, pas même ma mère, dont le talent culinaire était légendaire. Mais je ne pense pas que quiconque ait jamais dit à Bala combien ses beignets de légumes étaient délicieux, croustillants, légers. Elle nous regardait avec tant d'inquiétude quand nous y mordions ! Elle avait fait de la confection des *pakora* un art et leur donnait chaque fois un goût entièrement différent, en combinant de nouvelles saveurs qui nous prenaient par surprise. Elle pouvait y mettre différentes sortes de légumes. Parfois c'étaient de fines tranches de pommes de terre ou d'épaisses tranches d'aubergines sans pépins. Un soir, préparés avec des feuilles d'épinards, ils avaient la finesse du papier. Le lendemain, ses *pakora* aux piments verts nous mettaient la langue en feu. Mais les meilleurs de tous étaient ses beignets à l'oignon et au chou-fleur. Elle nous les servait les jours de pluie, mais il suffisait que le ciel se couvre un peu pour que nous lui en demandions.

« Bala, des *pakora* ! »

En nous entendant crier, elle se précipitait à la cuisine. Parfois, elle ajoutait des feuilles anisées d'*ajwain** qui picotaient la langue et donnaient une saveur pénétrante à la pâte à frire à base de lentille, ou bien elle saupoudrait de graines de pavot, avant de les y tremper, les feuilles d'épinards. Les *pakora* de Bala, qu'elle faisait pourtant frire dans un wok d'huile bouillante, n'étaient jamais gras, mais craquants et friables, et nous pouvions en manger autant que nous voulions sans nous sentir coupables de contrarier nos régimes sans graisse. Mais je n'ai jamais vu Bala en manger un seul, dans son va-et-vient incessant entre la cuisine et la salle à manger, courant nous en apporter et retournant en frire de nouveaux, le visage en sueur et soufflant comme l'équipier de queue dans une course de haies.

« Prends-en, toi aussi », lui disait invariablement ma mère en jetant un regard distrait au plat où ne restaient plus que des miettes, quand nous avions tous fini. Mais Bala se contentait de sourire et de boire son thé, qui avait refroidi comme chaque fois. « Elle a toujours aimé le boire froid », déclarait ma mère à qui voulait l'entendre, et Bala acquiesçait vigoureusement.

Bala n'était pas seulement une bonne cuisinière, experte à confectionner des en-cas inédits que nous dégustions chaque soir. Elle savait aussi très bien raccommoder et repriser. Ma mère et mes sœurs, non contentes de lui confier tous leurs saris déchirés, récupéraient les vêtements des autres membres de la famille pour qu'elle les ravaude. Un jour qu'elle recousait ma vieille chemise favorite, je voulus protester, mais ma mère m'arrêta : « Ça lui est égal de le faire », dit-elle, et Bala de préciser, sans lever le nez de son ouvrage : « J'aime bien coudre. » Ma mère, mécontente de mon intervention, marmonna avec colère : « Bala aime nous rendre des services. Elle habite ici, non ? Elle est comme quelqu'un de la famille. Je lui ai donné un sari

Un goût pour l'abnégation

pour Dîvâlî[1], en pure soie, et tu lui as donné ton vieux sac à main l'autre jour. Ton frère n'oublie jamais de lui offrir quelque chose pour *rakhi* *. Bala aime se rendre utile dans la maison, elle n'est pas ingrate comme certaines filles de ma connaissance, qui lisent des romans toute la journée », ajouta-t-elle, saisissant l'occasion de m'envoyer une pique pour l'avoir contrariée. Bala nous écoutait en souriant, ses doigts agiles voletant avec l'aisance d'une longue pratique.

Ma grand-mère, seule à se rappeler Bala enfant, détestait la voir s'asseoir.

« Va me chercher mes lunettes, ordonnait-elle dès que Bala faisait mine de s'approcher d'un siège.

— Vous les avez autour du cou, Madame, rectifiait Bala.

— Alors apporte-moi mon livre de prières », rétorquait-elle, en louchant d'irritation. Toujours souriant, Bala courait lui chercher son livre. « Pas celui-là. Le gros à couverture rouge », disait grand-mère, qui ne savait pas lire. Bala repartait dans l'autre sens, et la journée passait ainsi, grand-mère commandant à Bala d'aller chercher ceci ou cela, Bala exécutant avec gaieté ses ordres contradictoires. Elle n'était autorisée à s'asseoir en présence de grand-mère qu'au moment où elle lui faisait la

---

1. Abréviation de Dîpavali (« rangée de lumières »), la fête commémorant la victoire de Krishna sur le maléfique Narakasura. Une croyance veut que tout ce qui est entrepris ce jour-là soit couronné de succès. C'est pourquoi cette fête est dédiée à Lakshmi, déesse de la prospérité. Les commerçants ouvrent ce jour-là de nouveaux livres de compte.

lecture dans le livre de prières ou quand elle lui massait les pieds. Elles se rapprochaient alors l'une de l'autre, grand-mère étendue sur le lit, Bala agenouillée sur le sol à ses pieds, triturant doucement les os fragiles.

« Attention à ne pas me faire de bleus. Tu sais combien j'ai la peau fine et sensible. Le moindre moustique y laisse une marque quand il se pose sur moi », disait grand-mère, regardant les mains de Bala aller et venir délicatement le long de ses pieds. Puis elle se renversait sur son lit, fermait les yeux, et se mettait à évoquer d'anciennes querelles de famille auxquelles seule Bala pouvait prêter une attention aussi soutenue. De temps à autre, grand-mère mentionnait les parents de Bala, toujours avec colère et rancune. Alors le visage de Bala, transformé, révélait presque celui d'une étrangère. Son sourire permanent disparaissait, son regard s'animait d'une lueur étrange et, l'espace d'un instant, elle devenait belle.

La mère de Bala était morte quand elle était enfant et son père s'était remarié peu après, avec une hâte que ma grand-mère trouvait scandaleuse.

« Ce vaurien, avec sa moustache teinte au henné ! Dès la cérémonie funéraire de ta mère, il se cherchait une autre épouse ! Je l'ai entendu, de mes propres oreilles, questionner Kanta à propos de sa fille. Il demandait : "Est-ce celle qui joue du sitar ?" pendant que le prêtre psalmodiait les dernières prières du rite pour l'âme disparue. » Bala se pencha pour mieux entendre, son visage reflétant le désir d'en savoir plus. « Masse doucement, idiote. Tu veux me laisser des marques, ou quoi ? Le sitar ! qu'est-ce que ton vaurien de père connaissait à la musique de sitar ? Tout ce qu'il savait, c'est qu'il s'en était tiré avec une belle dot, et qu'il entrevoyait la chance de s'en assurer une autre ! Un porc avide, voilà ce qu'il était, siffla grand-mère. Je n'ai pas peur de dire du mal d'un mort. Mort ou vif, le sang mauvais reste mauvais, c'est moi qui te le dis. Masse l'autre côté, maintenant. Doucement, malheureuse ! » Bala lui pressait les pieds sans s'interrompre.

Le père de Bala était mort peu après son second mariage, à la grande satisfaction de tous les parents qui avaient manifesté leur indignation vertueuse de son vivant. Ils accoururent à ses funérailles de tous les horizons, comme autant de vautours jubilants et repus. Peu après, la belle-mère de Bala retourna dans sa famille, emportant son sitar et laissant Bala derrière elle.

« On peut la remarier à un veuf, mais avec l'enfant, ses chances seraient nulles. La famille de sa mère morte n'a qu'à prendre la petite », déclara le clan de la belle-mère en partant, provoquant la colère des miens.

« Qui sont-ils pour nous donner des conseils ? Des faucons insatiables, oui… Ils ont repris tous les bijoux jusqu'au dernier. La seule chose qu'ils aient laissée, c'est la malchance que cette épouse stupide, cette joueuse de sitar, avait apportée avec elle ! » marmonnèrent-ils. Mais personne ne savait que faire de Bala, là était le problème.

« Avec un garçon, ça aurait été tellement plus facile ! Tout le monde cherche un orphelin à adopter. Ils sont rares et difficiles à trouver », disaient-ils en regardant Bala et en fronçant les sourcils avec irritation. Ils discutaient entre eux, ramenant à la surface de vieux griefs envers les parents de Bala pour justifier de ne pas la prendre chez eux. Les débats tournèrent vite à l'aigre et aux attaques personnelles, si bien que tout le monde oublia l'enfant pour plonger dans la mêlée furieuse. Bientôt, ils en arrivèrent à ne plus s'adresser la parole et un silence coléreux tomba sur la maison endeuillée. Finalement, une tante âgée du côté de sa mère, épuisée par les querelles et pressée de rentrer chez elle, accepta de l'emmener. Tous les autres se réconcilièrent aussitôt et firent bloc autour de Bala et de la tante pour les accompagner au premier train, avant que la vieille femme ait le temps de changer d'avis.

Bala demeura chez elle et la soigna jusqu'à sa mort, qui advint après une longue maladie, emportant avec elle toute l'enfance de la fillette. C'est alors que commença la tournée de Bala parmi les parents, qui se la renvoyaient l'un à l'autre comme un ballon de football. Elle resta un moment chez nous, mais lorsque mon père fut nommé à l'étranger, elle s'en alla chez la sœur cadette de ma mère, d'où elle fut bientôt renvoyée.

« Vous comprenez, notre maison est petite, et j'ai besoin de la chambre où dort Bala pour en faire une pièce de prière et de rituel. Avoir tous les dieux en fouillis dans un coin, ce n'est pas bien. Que vont-ils penser de moi ? », demanda ma tante, et Bala fut expédiée dans une autre maison. Au bout de quelques mois, elle nous revint, accompagnée d'une longue lettre de griefs envers mon père, accusé de faillir à son devoir. Ma mère s'assit aussitôt pour y répondre, tandis que Bala attendait sans défaire ses paquets. On l'envoya alors chez un oncle veuf et invalide que tous ses domestiques avaient fui le jour où il avait menacé de leur tirer dessus. Bala resta trois ans avec ce vieillard irascible, subissant son caractère exécrable, se pliant à ses exigences puériles et continuelles, acceptant le traitement dur et égoïste qu'il lui infligeait, tandis qu'elle apprenait l'art d'être une parente pauvre.

Peu à peu, à mesure qu'ils vieillissaient et que Bala acquérait des compétences, les membres de la famille découvrirent ses vertus cachées. Bonne cuisinière, infirmière experte, elle savait aussi diriger les domestiques à la cuisine. L'oncle qui avait grommelé : « Pourquoi faudrait-il que je recueille l'enfant de Kanhu, alors qu'il ne m'a invité à aucun de ses mariages ? » était à présent très heureux d'avoir Bala chez lui.

« Tenez, ses *pakora*, par exemple. Vous n'en trouverez nulle part d'aussi délicieux, d'aussi croustillants », disait-il, mais seulement quand Bala n'était pas là. En sa présence, il ne cessait de crier contre elle. Bala se contentait de sourire et s'empressait d'exécuter ses ordres contradictoires, jusqu'au jour où il mourut brusquement, un plat de *pakora* de Bala à la main.

Contrairement à ce qui s'était passé dans son enfance, tous se portèrent aussitôt acquéreurs de cette Bala de trente ans, et ma mère s'intitula gestionnaire de ses allées et venues, ce qui lui procurait un vif sentiment de pouvoir, notamment sur la famille de mon père.

« Envoyez-nous Bala. Ma belle-mère est clouée au lit », geignit Phulo, la cousine de mon père. Mais ma mère rejeta sa requête : « Non, Bala ira chez Kusum *chachi**, elle est alitée et incontinente. Et de toute façon, je n'ai pas apprécié la mesquinerie de Phulo quand elle a donné cent une roupies à Bhaya pour son mariage. Tant pis pour eux s'ils souffrent, ces pingres ! Bala ira chez Kusum *chachi* », nous dit-elle en tapotant les mains de Bala qu'elle tenait dans les siennes, un sourire satisfait aux lèvres.

Bala n'avait bien sûr pas voix au chapitre. Elle aurait été bien surprise que quelqu'un lui demandât où elle souhaitait aller. Elle attendait simplement, avec sa petite valise bouclée, prête à être envoyée n'importe où. Bien qu'elle fût maintenant très demandée, Bala ne modifiait en rien son attitude. Elle occupait toujours le minimum d'espace dans les maisons où elle se trouvait. Elle arborait son immuable sourire empressé.

Invariablement polie et amicale, Bala ne manifesta pourtant jamais d'attachement particulier pour quiconque ni pour quoi que ce soit, sauf une fois. Quand elle habitait chez nous, elle se prit d'affection pour un chiot bâtard qu'elle avait trouvé sous le réservoir d'eau, et commença à le nourrir de déchets de la cuisine, en dépit des protestations irritées de ma grand-mère et de ma mère.

« Bientôt il y aura une meute de loups à notre porte si on laisse faire ce genre de choses », dit ma mère à Bala. Et grand-mère, qui voyait des mauvais présages partout, depuis les chaussons déchirés jusqu'aux tasses ébréchées, ajouta à l'adresse de Bala, en lui jetant un regard soupçonneux : « Dieu sait d'où vient ce maudit chien, c'est peut-être un mauvais signe. Pourquoi a-t-il choisi notre réservoir ? » Bala continua de porter à manger au chiot, mais prit soin dès lors de cacher sa pitance dans le pan de son sari et d'attendre l'après-midi, quand tout le monde dormait, pour sortir la déposer dans le jardin. Je me rappelle avoir un jour aidé Bala à donner un bain au chien avec son savon, qu'elle avait coupé en deux.

Comme elle n'avait jamais d'argent, elle devait attendre que ma mère lui donne savon, dentifrice, vêtements et autres objets usuels. Sa petite valise était pleine de vieilleries dont on s'était débarrassé auprès d'elle. Bala lavait et recousait les vêtements usagés puis, quand elle les sortait de la valise, racontait l'histoire qui s'attachait à chacun d'eux.

« Ce corsage, ta mère me l'a donné quand elle allaitait ton frère. J'ai lavé toutes les taches de lait à l'eau chaude. Et ces sandales rouges, tu te rappelles ? Elles appartenaient à Kusum *chachi*. La pauvre, elle est morte avant d'avoir pu les user. Ce pull-over était à toi. Tu me l'as donné juste avant de commencer au collège », et elle brandissait l'horrible vêtement pour me le faire admirer.

Bala réorganisait souvent le contenu de sa valise comme le faisait ma mère des meubles du salon. Elle sortait chaque vêtement, y cherchait des traces d'usure, des déchirures – il y en avait toujours –, les réparait et les remettait en place. Elle passait des heures entières à plier soigneusement, gentiment, chaque corsage, chaque pull-over, lissant de la main les tissus élimés avec affection, comme on caresse un enfant.

Un soir, elle sortit un pull-over hors d'usage, trop vieux pour être reprisé même par ses mains expertes, afin d'en couvrir le chiot. C'est alors que Raj la vit pour la première fois.

« Je t'avais bien dit que ce chiot plein de puces nous porterait malheur », répétait quotidiennement ma grand-mère depuis ce moment fatidique. Raj était un parent éloigné que tout le monde dans la famille avait oublié, jusqu'au jour où il arriva sans crier gare au mariage de mon frère, riche et prospère, chargé de ses cadeaux du New Jersey. Il vit ce soir-là Bala nourrir le chien, puis goûta aux *pakora* qu'elle avait préparés pour le goûter et, de ce moment, il lui fit la cour.

Ce fut comme si quelqu'un avait jeté une énorme pierre dans une mare sans ride. L'effet de vagues déclencha le chaos, et le clan tout entier, y compris les parents qui vivaient dans des villes lointaines et ne venaient chez nous que pour funérailles et mariages, fut atterré. Ma famille fut happée dans un tourbillon, et pour une fois personne n'eut rien à dire, parce que cette horreur sans nom avait lieu chez nous. Raj suivait Bala à travers toute la maison en lui parlant, essayant de l'aider dans ses tâches sempiternelles, au grand embarras de tout le monde. Au début, croyant qu'il attendait d'elle des services, elle n'avait pas conscience des attentions de Raj à son égard, mais peu à peu elle se rendit compte qu'il ne lui demandait jamais d'aller chercher ou de ravauder quoi que ce soit, se contentant de lui parler d'une voix douce, et elle se mit à le soupçonner. Eperdue, muette de terreur, le sourire figé tournant au rictus, elle se déplaçait furtivement dans la maison comme un animal traqué, se cachant derrière les portes dès qu'elle entendait son pas. Mais Raj qui, parti de rien, avait mis sur pied une florissante affaire de voitures d'occasion, nanti d'une unique clé de serrage apportée d'Ambala, était la persévérance incarnée. Il restait des heures entières à la porte de la cuisine, tiré à quatre épingles, fleurant bon l'after-shave coûteux, jusqu'à ce que Bala se décide à sortir. Il la suivait sur la terrasse lorsqu'elle allait accrocher le linge à sécher et s'asseyait auprès d'elle quand elle massait les pieds de grand-mère. Non seulement il écoutait les histoires du temps jadis que racontait la vieille dame, mais il en ajoutait quelques autres de son cru, qu'il se rappelait de son enfance.

Bien que Bala n'ait pas dit un traître mot à Raj,

la famille commençait à la regarder d'un œil soupçonneux.

« Pourquoi l'a-t-il choisie, elle, alors qu'il y a tant de filles convenables d'âge mûr qui cherchent un mari ? On ne peut pas dire que Bala ait la peau claire ou une beauté éblouissante », murmuraient-ils sur son passage.

« Il vient de l'étranger », expliquait faiblement ma mère. Elle se sentait coupable. Bala était sous sa tutelle. Il était donc de son devoir d'atténuer comme elle pouvait l'incongruité de la situation. Bien que Bala fît de son mieux pour s'effacer, elle avait soudain perdu son aptitude à se fondre dans le paysage comme elle l'avait fait toute sa vie, et pour la première fois le regard de la famille s'arrêtait sur elle. Ma mère envisageait de l'envoyer dans une autre ville, mais c'était risquer que Raj l'y suivît.

« Dieu seul sait ce qui peut arriver si je ne la tiens pas à l'œil, dit-elle en regardant Bala appliquer de l'huile sur les cheveux de ma grand-mère.

— On voit bien le spectacle honteux qui se donne dans cette maison depuis que tu y invites des hommes bizarres venus de l'étranger. Il paraît qu'il est mécanicien garagiste. Comment la famille peut-elle compter quelqu'un qui ait un travail aussi vil ? Et en Amérique, par-dessus le marché ! répondit la vieille dame en colère.

— Et alors ? Ton plus jeune frère n'était pas chauffeur de taxi en Angleterre ? » rétorqua ma mère, heureuse de trouver un sujet de discussion

Un goût pour l'abnégation

qui changeât de Bala et de Raj.

Bala était plus que jamais assommée de tâches ménagères. Elle se réfugiait derrière des montagnes de vêtements à recoudre, préparait d'énormes quantités de pickles, cuisinait, triait le linge et faisait inlassablement la lecture à ma grand-mère, qui ne lui reprochait plus de lui laisser des marques sur les pieds. Bala était désormais accompagnée en permanence d'un garde du corps en la personne d'une parente sévère, au regard de rapace. Mais, loin de décourager l'ardeur de Raj, cette situation lui insuffla un regain d'énergie et, tel le prince de la Belle au bois dormant, il persista à se tailler un chemin à travers la forêt de parents réprobateurs pour conquérir la main de Bala.

Les semaines passèrent sans qu'il fît le moindre progrès. Les gens de la famille, passablement nerveux à présent, savaient que leur seule issue était de tenir le siège de Bala jusqu'au départ imminent de Raj pour le New Jersey. Bala refusait toujours de lui parler et lorsque Raj, au désespoir, se décida à demander à ma grand-mère d'intervenir, elle répliqua d'un ton mordant : « Et pourquoi le ferais-je ? Elle n'a pas besoin de se marier, à l'âge qu'elle a. Lorsqu'il quitta la pièce, elle ajouta : J'ai besoin d'elle. C'est mon tour. Je suis la plus âgée et la plus malade. » D'autres parents, considérant leur santé déclinante et inquiets d'un futur sans Bala pour les soigner, regardaient avec une animosité intense Raj faire sa cour à Bala.

« Il la veut pour ses vieux jours, calomniaientils en hochant la tête.

— C'est sûrement les *pakora* », expliquait mon père.

Un soir fatidique, alors que Bala avait été laissée sans surveillance pendant un moment, Raj la suivit au jardin et lui fit sa demande. Mon frère fut dépêché immédiatement sur les lieux, mais trop tard. Raj avait déjà fait part de ses intentions à Bala et la suppliait de lui donner une réponse sans tarder.

« Que va-t-il se passer si elle accepte ? » s'écria un oncle perclus de goutte. La tension referma sa poigne sur la maisonnée. Prise de panique, ma grand-mère commanda à ma mère en hurlant : « On ne peut donc pas lui présenter quelqu'un d'autre ? Trouve-lui une fille, vite ! » Tel un magicien, ma mère produisit aussitôt une douzaine de femmes nubiles d'âges divers. Un Raj ahuri fut traîné d'une maison à l'autre, où il dut ingurgiter d'innombrables tasses de thé à la cardamome et des gâteaux grumeleux. « Elle l'a préparé de ses propres mains », précisaient les mères en se rengorgeant. Mais Raj restait fidèle à Bala, bien que le temps lui fût compté.

« Pourquoi tu ne l'épouses pas ? demandai-je à Bala un matin que nous étions seules, avec le sentiment de trahir. Bala me regarda, bouche bée, les yeux emplis de peur.

— Tu es folle ? Comment pourrais-je jamais me marier ? Qu'est-ce que la famille penserait de moi ? » répondit-elle en sortant de la pièce en hâte. Raj l'attendait près de la porte, un bouquet de fleurs à la main. Nous savions que le moment de vérité était venu.

« Bala, si vous voulez bien m'épouser, acceptez ces fleurs, s'il vous plaît », dit-il, sa voix forte réduite à un murmure. Bala regardait fixement le bouquet, hypnotisée par les fleurs. Le papier de cellophane chatoyait et crissait comme si les fleurs étaient vivantes. Une muraille compacte de parents s'était formée en silence derrière Raj, semblable aux assassins de César, mines sinistres suintant la haine et la méfiance. Bala fit un pas en avant et je retins mon souffle. En prenant le bouquet, ses mains tremblaient et ses yeux envoyaient des éclairs au-dessus d'un sourire singulièrement coquet, comme celui d'une nouvelle mariée rougissante qui s'apprête à passer une guirlande au cou de son promis. Raj esquissait déjà un sourire de triomphe quand Bala lui jeta le bouquet au visage. J'entendis une ovation silencieuse retentir tout autour de nous : la famille venait de vaincre.

« Je savais bien que Bala ne nous laisserait pas tomber, dit ma mère plus tard, quand le calme fut redescendu sur la maison. Comment l'aurait-elle pu, après tout ce que nous avons fait pour elle ? »

CHUTNEY À LA MENTHE

feuilles de menthe fraîche
1 cuillère à café de poudre de mangue séchée *(amchûr*)*
1 pincée de sel

1 1/2 cuillère à café de sucre
1 piment vert
2 cuillères à café de yaourt

Mixez menthe, piments et poudres pour en faire une pâte. Ajoutez le yaourt mélangé à une cuillère à café d'eau.

PAKORA AUX ÉPINARDS

1 1/2 tasse de farine de lentille
1/2 tasse d'eau
1/2 cuillère à café de bicarbonate de soude
1 pincée de sel
1/4 de cuillère à café de poudre de piment
1/4 de cuillère à café de poudre de graines de grenade
3 cuillères à café d'huile de moutarde
feuilles d'épinards, lavées et séchées

Mélangez la farine de lentille, le bicarbonate de soude, la poudre de piment, la poudre de grenade et assez d'eau pour faire une pâte à frire de consistance couvrante. Utilisez vos doigts pour bien battre le mélange, ou une fourchette si vous êtes minutieuse. Faites chauffer l'huile. Trempez les feuilles d'épinards une à une dans la pâte et faites frire dans l'huile bien chaude. Placez sur un papier pour absorber l'excès d'huile, et servez chaud avec du *chutney* à la menthe.

Vous pouvez utiliser beaucoup d'autres légumes

avec cette pâte pour préparer des *pakora*. Dés de *cottage cheese (panîr*),* queues de chou-fleur, œufs durs coupés en deux, tranches d'aubergines, tranches de poivrons, piments verts entiers (ôtez les graines), feuilles d'*ajwain*, sont mes favoris. On peut aussi utiliser des morceaux de poulet ou de poisson, mais prenez soin de couper la viande en tranches fines et de la faire mariner dans une pâte d'ail et de gingembre avant de la tremper dans la pâte à frire.

En sandwich !

Debout sur le seuil, il hésitait à entrer. Elles l'attendaient, il le savait. Elles devaient surveiller furtivement le portail, cou tendu, immobiles comme le daim en arrêt qui hume l'air pour détecter le danger, sa mère près de la porte, sa femme à quelques pas derrière. Dès qu'il entrerait, la lutte qui déchirait chaque journée de sa vie conjugale s'engagerait, et la soirée serait ravagée. Vinod, baissant la tête comme pour se rapetisser et éviter de se faire remarquer, franchit le seuil. Sa mère quitta sa position stratégique près de l'entrée pour se propulser vers lui. Aujourd'hui, elle tenait à la main un verre de jus de fruits. A la vue du liquide rouge, miroitant dans le verre givré comme un sang fraîchement recueilli, Vinod sentit monter en lui une nausée soudaine.

« C'est du jus de dattes *(phalsa*)*, mon chéri. Je viens de le préparer. C'est un fortifiant », dit-elle, lui mettant le verre entre les mains avec un sourire de triomphe pour l'avoir intercepté la première ce soir-là.

Nirmala, sa femme, était cachée derrière les rideaux. Ses vibrations de colère filtraient jusqu'à lui à travers l'imprimé fleuri du tissu. Au tintement de ses bracelets, Vinod comprit qu'elle tenait à la main une tasse de thé. Il ferma les yeux tandis que ses papilles gustatives se rétractaient à l'évocation du thé de Nirmala. Ni le garçon de bureau, ni le tenancier de l'échoppe de la rue ou du comptoir de la gare, ni même les cuisiniers d'une cantine d'hôpital n'étaient capables de donner au thé un goût aussi détestable. Parfois Vinod s'émerveillait de son insistance à concocter un tel breuvage, à la fois amer et aqueux, tiède et généreusement étendu de lait tourné. Pourtant il souriait chaque fois en l'avalant, jour après jour. Etirer largement les lèvres l'aidait un peu à détendre les muscles de sa gorge qui se contractaient jusqu'à l'occlusion dès la première gorgée du thé exécrable, inoubliable, de Nirmala.

Vinod termina le jus aigre de *phalsa* jusqu'à la dernière goutte sous le regard inébranlable et vigilant de sa mère, puis s'avança pour en découdre avec le thé de son épouse. Son estomac se révoltait, son corps se figeait comme une mule sur le qui-vive. Pourtant Vinod, à la façon d'un automate, tendit la main vers la tasse en attente. Il se commanda de sourire, retint son souffle et avala d'un trait le liquide couleur de cendre, sans quitter du regard le visage de Nirmala. « Comme elle est belle, et combien je l'aime », pensait-il tandis que le thé entamait sa descente à travers sa gorge, traçant derrière lui un sillon de tanin amer qui persisterait jusqu'au dîner.

Mais il ne voulait pas encore penser au dîner. Il lui restait quelques heures de paix avant qu'elles prennent position pour l'assaut suivant. Sa mère s'était retirée dans sa chambre dont elle avait laissé la porte ouverte, signifiant ainsi à Vinod qu'il devait venir lui tenir compagnie. Cela voulait dire aussi que Nirmala avait une fois de plus enfreint les règles, qu'elle avait outrepassé les limites qui lui étaient assignées et empiété sur le territoire de sa belle-mère.

« Tu sais que je ne cherche jamais à me mêler de vos affaires, commença-t-elle comme à l'accoutumée, mais à mon âge, je mérite un peu de paix et de tranquillité. Je réclame jamais rien, tu le sais. C'est ma nature. Ton père aussi le savait. Il répétait toujours à ses proches : "elle ne réclame jamais rien". Mais cela ne veut pas dire que tout le monde doive me traiter comme une domestique, quand même, non ? » demanda-t-elle à Vinod, les yeux étincelants de fureur.

Chaque fois qu'elle se mettait en colère, Vinod voyait ses propres traits se substituer à ceux de sa mère. La peau de celle-ci perdait sa texture sèche et transparente pour luire d'un reflet sombre et marbré. Sa bouche, aux lignes d'ordinaire délicates et fines, devenait irrégulière et masculine.

« Elle n'a que cinquante-quatre ans. Si elle était européenne, elle aurait pu se remarier… et même les veuves indiennes, aujourd'hui… » Vinod écarta cette hypothèse saugrenue d'un mouvement de tête.

« Qu'est-ce qu'il y a ? Tu as mal aux oreilles ? Je le savais bien, après la glace qu'elle t'a fait manger. De l'eau et du colorant, c'est tout ce qu'elle y a mis. Je m'étonne que tu ne tousses pas encore, dit-elle en élevant la voix.

— Non, maman. Je vais bien », répondit-il en réprimant une brusque envie de tousser. Il ne bougeait pas, essayant d'avoir l'air attentif. Sa mère se mit à parler à voix basse en jetant un regard vers la porte à la fin de chaque phrase. Sachant que Nirmala était là à écouter, elle baissait et montait le ton à sa guise pour exciter la curiosité de sa bru, murmurait des bribes d'information, puis se plaignait à haute voix la seconde suivante. « Pourquoi diable acheter un litre de lait supplémentaire quand ses amies viennent la voir ? Sont-elles des mères qui allaitent pour avoir besoin de tant de lait dans leur café ? » demanda-t-elle. Mais Vinod savait que les invitées auraient été au désespoir sans ce supplément de lait parce que le café de Nirmala était encore plus exécrable que son thé. Il se rappelait avec tendresse comment il s'était étranglé à le boire quand il était allé la voir à l'époque des négociations de leur mariage.

« C'est Nirmala qui a tout préparé aujourd'hui », avait annoncé fièrement sa mère. Les *samosa** rabougris, les *gulab jamun** défaits et le café mortel, tout était de la fabrication de Nirmala. Vinod mangea ce qu'on lui offrait comme s'il mourait d'inanition parce qu'il était tombé follement amoureux de Nirmala et que sa nourriture avait un goût de nectar pour ses papilles éperdues. Vinod jeta un coup d'œil furtif à sa montre et vit qu'il restait cinq minutes à sa mère pour finir sa tirade. Elle ne la prolongeait jamais au-delà de six heures et demie, heure à laquelle commençait son émission de télévision favorite. Elle se hâtait maintenant d'exprimer tout ce qu'elle avait prévu de dire, tant et si bien qu'elle termina deux minutes avant l'heure. Un silence gêné s'installa, que sa mère rompit en le congédiant, disant qu'elle devait aller aux toilettes.

Maintenant, c'était au tour de Nirmala, mais ses contre-accusations n'ennuyaient pas Vinod parce qu'il pouvait lui caresser les bras et lui embrasser le bout des doigts pendant qu'elle parlait. Ce jour-là, pour une raison obscure, elle ne mettait pas la même fougue que les autres soirs dans ses attaques et se plaignait d'un ton indolent comme pour satisfaire ce qu'on attendait d'elle.

« Ça ne va pas ? demanda-t-il avec sollicitude en lui touchant le front.

— Si, si. Juste un peu fatiguée. Ta mère m'a frotté les cheveux à l'huile cet après-midi, mais elle n'arrêtait pas de me houspiller, à tel point que je n'ai pas pu faire la sieste. Je t'ai préparé une nouvelle recette de poulet, un plat italien. Je l'ai vue sur Zee TV, dans une émission de cuisine. Elle a été interrompue par une panne de courant au milieu, mais je savais ce que le cuisinier allait faire. »

Vinod poussa un soupir. Heureusement, il restait deux heures avant de passer à table. D'ici là, tant de choses pouvaient arriver. Un tremblement de terre, avec un peu de chance. Ou bien on allait le convoquer d'urgence au bureau. A moins que des invités n'arrivent à l'improviste. Il insisterait alors pour qu'on fasse venir un dîner sur commande. Et si les cuisinières tombaient en panne de butane ? Mais la soirée passa comme l'éclair et l'heure du dîner arriva, comme elle le faisait avec une régularité infaillible à la fin de chaque journée.

Depuis son mariage avec Nirmala, Vinod était entraîné dans cette lutte dont son palais était l'enjeu, et il en était las. Chaque jour, les deux femmes essayaient de nouvelles stratégies. Parfois elles se battaient sur le terrain des currys, chacune d'elles en produisant une version plus épicée, plus parfumée, plus forte, qui lui mettait la bouche en feu et lui donnait des cauchemars. L'une préparait-elle un plat d'agneau *(roghan josh*)* plantureux nageant dans la graisse, l'autre répliquait par un curry de boulettes de viande *(kofta curry*)* alourdi d'une sauce épaisse à la poudre d'amande. Quand sa femme plaçait devant lui un poulet au beurre qu'on aurait cru trempé dans la teinture orange, sa mère contre-attaquait avec des boulettes de viande noyées dans un lac de *ghî* d'un jaune profond. Aux brochettes tranchées fin *(reshmi*)*, dures comme une corde de jute, répondaient aussitôt des brochettes *pasanda** raides et calcinées comme autant de morceaux d'ébène. L'une et l'autre étaient piètres cuisinières, mais il fallait les complimenter à chaque bouchée qui lui obstruait le gosier. Vinod rêvait souvent de pouvoir diviser son corps en deux moitiés verticales pour en donner une à chaque femme. Il aurait tant voulu leur plaire à toutes les deux.

Nirmala savait que sa belle-mère était meilleure cuisinière qu'elle. Elle avait commencé à nourrir Vinod bien avant elle et savait exactement ce qu'il aimait. Mais l'épouse se rattrapait en lisant des livres de recettes toute la journée. Elle prenait des notes abondantes dans un carnet qu'elle consultait chaque fois qu'elle faisait la cuisine. Elle le tenait dans une main – tout abîmé qu'il était pour être tombé plus d'une fois dans les pots à épices, taché de sauce, un coin écorné – tout en s'activant de l'autre. Depuis qu'elle avait surpris un jour sa belle-mère feuilletant son précieux recueil, elle le gardait enfermé à clé dans son placard. Encore quelques mois de pratique et Vinod lui mangerait littéralement dans la main. Si seulement ses galettes *(phulka*)* pouvaient être aussi parfaitement rondes que celles de sa mère, au lieu de ces successions de flaques difformes qui lui valaient de perpétuelles humiliations.

Sa belle-mère riait sous cape quand Nirmala posait les *phulka* balafrées et informes sur l'assiette de Vinod.

« Elle a beau avoir étudié dans une école de sœurs et parler couramment anglais, ce qu'elle prépare est bon à jeter, pensait-elle. Il ne suffit pas d'avoir le teint pâle et un joli sourire pour plaire à un homme, il faut aussi savoir le nourrir. » Elle n'avait pas besoin d'un livre pour savoir comment cuisiner. Sa mère lui avait tout appris quand elle était enfant et bien qu'ils aient eu de nombreux domestiques, elle s'était toujours occupée des repas de son défunt mari. Même le jour de sa mort, il avait mangé une pleine assiette de pommes de terre au fenugrec *(alu methi*)*, quatre galettes de blé *(paratha)* fourrées au fromage *(panîr)*, un grand bol de *khîr** et deux gâteaux ronds *(laddu*)* qu'elle avait préparés avec du pur *ghî* de vache venu de leur village. Vinod aussi aimait sa cuisine. Enfant, il se précipitait vers elle à l'heure des repas pour lui demander à manger le premier. Elle séparait en deux un *paratha* tout chaud, en effritait une moitié pour la mélanger à de la sauce, rajoutait un bon morceau de beurre blanc et confectionnait des petites boulettes de cette mixture. Puis elle les lui introduisait adroitement, l'une après l'autre, dans la bouche, qu'il gardait grande ouverte comme un oisillon perpétuellement affamé. Le voir à présent avaler la mauvaise cuisine de sa femme lui brisait le cœur. Même le petit domestique n'en aurait pas voulu. Elle avait envie de lui arracher l'assiette des mains et d'en jeter le contenu à la poubelle.

« Elle pose toujours le plat qu'elle a fait juste devant toi, c'est pour ça que tu ne manges pas les miens, se plaignait Nirmala. Elle ferme la porte de la cuisine à clé quand elle prépare le repas, pour que je ne puisse pas voir quelles épices elle met dans le curry. Il ne faudra pas m'accuser si un jour elle brûle vive dans la cuisine sans que je puisse lui porter secours. Ce sera bien fait pour elle. Elle n'aura qu'à emporter ses recettes secrètes au paradis », bougonnait Nirmala dans leur chambre, après l'avoir de nouveau étouffé avec une tentative désastreuse sur laquelle il n'avait pas tari d'éloges.

Au cours de la semaine écoulée, il avait remarqué que leurs escarmouches, d'abord limitées aux currys, s'étaient étendues aux puddings. Là, Nirmala commençait à marquer des points sur sa belle-mère. Ses gâteaux étaient étonnamment bons, tandis que les compétences pâtissières de sa mère se limitaient au *khîr* et au halva*. Mais, ces jours derniers, sa mère avait changé de tactique et soufflé la vedette à Nirmala. Elle attendait son fils chaque soir avec un verre de jus d'une nouvelle variété à la main. Jus de fruits aigres, laits d'amande *(thandai*)* à l'odeur étrange, décoctions grumeleuses de cumin et de tamarin *(jal jîra*)* accueillaient à présent son retour à la maison. Son estomac désemparé, terrain d'une lutte sans merci entre le *khîr* et le gâteau à la carotte, et sur lequel pesaient toute la nuit des currys lourds comme des démons de pierre, acceptait sans broncher les breuvages mortels, rouges, verts et bruns.

Certains jours, les cris de guerre se faisaient si insistants que sa peau réagissait par une éruption d'urticaire à petits boutons roses. Mais il ne tomba jamais sérieusement malade. Chaque soir Vinod mangeait ce que sa mère avait noyé dans le *ghî* et les offrandes calcinées de son épouse. Son système digestif supportait tout avec bravoure et stoïcisme. Parfois il aurait aimé contracter une maladie qui lui imposât un régime draconien et obligeât les femmes à déclarer un cessez-le-feu. Peut-être alors seraient-elles devenues amies, parce que, au fond, quand elles n'entraient pas en compétition pour le nourrir, elles s'aimaient bien. Tous les gens qu'il connaissait souffraient d'ulcères, de tension artérielle ou frôlaient l'obésité. Mais à l'exception de borborygmes occasionnels sans gravité et de quelques rots sonores, son estomac ne protestait jamais. Son taux de cholestérol restait normal, de même que sa tension, et il était mince comme un roseau.

Dès qu'il s'asseyait à table, sa mère bondissait pour lui servir une louche de pommes de terre au sésame *(til* alu*)* dans son assiette, à côté du riz à la tomate. Nirmala contre-attaquait en recouvrant le tout d'une portion généreuse de poulet à la florentine.

« Vous m'en donnez trop ! », disait-il sans les regarder ni l'une ni l'autre. Refus, assentiments ou compliments devaient tous leur être prodigués en parts rigoureusement égales. Vinod, qui avait poussé cet art à la perfection, regardait droit devant lui, quand il leur parlait, le portrait de son père accroché au-dessus de la table.

Ce soir-là, Nirmala paraissait un peu distraite, comme si elle ne participait à la mêlée que par habitude. En voyant les gestes ralentis et quelque peu léthargiques qu'elle avait pour renchérir sur les portions que lui servait sa mère, il devinait que le cœur n'y était pas.

« Ça ne va pas ? demanda-t-il de nouveau. Sa mère, étonnée elle aussi, cessa d'amonceler du riz sur l'assiette de Vinod pour la regarder.

— Je vais avoir un bébé », annonça Nirmala en éclatant en sanglots.

Vinod se précipita vers elle pour lui prendre la main. Sa mère se mit à pleurer, elle aussi, mais leur souriait de bonheur à travers de grosses larmes, qu'elle essuyait avec son sari.

« Krishna, Seigneur, tu as entendu mes prières... Bénis cette femme, Seigneur, protège-la du mauvais œil », dit-elle. Ses mains firent rapidement le tour de la tête de Nirmala et elle fit craquer les jointures de ses doigts contre ses tempes. Nirmala répondit à son geste en s'inclinant pour lui toucher les pieds.

« Non, non, reste tranquille, il faut que tu prennes soin de toi à présent. Le bébé doit naître bien portant. Je vais te faire chauffer du *panjiri** sur une bougie. Cela te fera monter le lait. Tu dois être grosse de trois mois », dit-elle en posant sur Nirmala le regard expert d'un fermier évaluant sa vache laitière.

Nirmala répondit immédiatement, déjà beaucoup plus alerte et gaie.

« On pourra toujours lui donner du lait en poudre, si je n'ai pas assez de lait. Et puis après, du Farex...

— Quoi ! Nourrir mon petit-fils de boîtes de conserve ! Pas question ! Je lui trouverai du lait de vache, du beurre blanc frais, du yaourt...

— Aujourd'hui tout le monde donne des œufs et des céréales au bébé quand il a trois mois.

— C'est pour ça que leurs dents tombent quand ils arrivent à trente ans. Regarde Vinod, comme il a de bonnes dents et les os sains », dit sa mère. Les deux femmes se tournèrent vers lui. Mais elles semblaient voir, au-delà de sa personne, un enfant qui n'était pas encore né. Un enfant pour lequel elles entreraient en compétition nourricière avec une joie plus intense.

Vinod sentit leur regard indifférent le baigner comme un souffle d'air frais et pur, et il sut qu'il était libre. La paix s'installerait chez lui pendant les six mois qui allaient suivre, puis la guerre ferait de nouveau rage, mais cette fois il n'en serait pas l'enjeu. Vinod souhaita de tout cœur un fils bien portant et fort. Une fille, si précieuse et chérie soit-elle, n'aurait pas le même pouvoir de diversion.

RIZ À LA TOMATE ET À L'AIL VERT

1 1/2 tasse de riz basmati à grains longs
3 grosses tomates
2 oignons moyens
1 cuillère à café d'ail frais écrasé
2 cuillères à café de tiges d'ail hachées fin
5 cuillères à café d'huile
1 cuillère à café de piment en poudre
1 cuillère à café de coriandre en poudre
1 cuillère à café de graines de moutarde

2 cuillères à café de lentilles brunes
2 cuillères à café de cacahuètes grillées
quelques feuilles de cari
sel

Faites blanchir les tomates et réduisez-les en purée. Ajoutez de l'eau pour arriver à quatre tasses de liquide. Versez celui-ci dans un récipient et ajoutez le riz et le sel. Faites cuire à feu doux. Pendant ce temps, faites chauffer l'huile dans une poêle et mettez-y à frire les graines de moutarde et les lentilles jusqu'à ce que les graines de moutarde commencent à éclater. Ajoutez les cacahuètes, les feuilles de cari, l'ail écrasé, les tiges d'ail et les oignons coupés en lamelles. Faites dorer. Quand l'oignon a bruni, ajoutez la poudre de coriandre et de piment. Faites frire pendant une minute. Puis ajoutez ce mélange au riz. Attention aux projections de gouttes brûlantes au moment où le mélange touche le riz. Couvrez et laissez cuire jusqu'à ce que le riz devienne moelleux. Ce plat d'un bel orange se mange seul, mais vous pouvez aussi l'accompagner de *raita** confectionné avec du yaourt.

GÂTEAU DE CAROTTE

400 g de farine
350 g de sucre de canne blanc
1 1/2 tasse d'huile d'arachide
4 œufs

2 cuillères à café de poudre de cannelle
2 cuillères à café de bicarbonate de soude
1 cuillère à café de sel
3 1/2 tasses de carottes râpées
200 g de noix broyées
100 g de raisins secs et/ou de dattes

Déposez tous les ingrédients ensemble dans un grand bol et mélangez avec une spatule en bois bien solide. La pâte obtenue est collante et difficile à remuer, mais ne vous y arrêtez pas. Faites cuire à four chaud dans un grand moule huilé et fariné, entre 45 et 60 mn. Voir se transformer cette mélasse en gâteau appétissant, fleurant bon la cannelle et d'un joli ton orangé, est toujours une surprise. Vous pouvez glacer le dessus en suivant la recette ci-dessous. Si vous savez résister, mettez-le au réfrigérateur et attendez deux jours avant de le manger, pour permettre aux saveurs de s'exalter.

GLAÇAGE AU FROMAGE BLANC

25 g de sucre glace
50 g de beurre fondu
1/2 cuillère à café d'essence de vanille
200 g de fromage blanc

Battez le fromage blanc avec les autres ingrédients et recouvrez le gâteau de ce mélange. Si vous préférez, vous pouvez l'utiliser à d'autres fins : ajoutez-y des morceaux de mangue, des tranches d'orange ou tout autre fruit de votre choix, et servez froid en dessert.

JUS DE DATTES
*(PHALSE KA RAS *)*

1 livre de *phalsa* frais
sucre à volonté

Lavez les fruits à l'eau courante. Saupoudrez-les de 3 ou 4 cuillerées de sucre (moins si les *phalsa* sont très sucrés). Frottez pour faire pénétrer le sucre dans les fruits. Mettez dans une casserole avec 2 verres d'eau. Passez à travers une mousseline, en pressant doucement pour exprimer tout le jus. Remettez la pulpe dans la casserole, rajoutez deux verres d'eau et passez de nouveau. Vous obtiendrez un jus couleur de vin clair, piquant, délicat et très rafraîchissant. Délicieux.

Concours d'agapes

Le corbeau s'élança de l'arbre pour atterrir aux pieds de Srilata. Ils se regardèrent un instant, deux paires d'yeux noirs étincelants et furibonds. Avant que Srilata l'éloigne en criant, il émit un gloussement dans les graves et s'envola.

« Il nous jette un sort. Croyez-moi, monsieur Verma, c'est un mauvais présage. Notre fille va être éconduite une fois de plus », dit-elle en poussant un long soupir résigné avant de porter sa tasse de thé à ses lèvres. Son mari persistait à lire le journal, mais au léger tremblement qu'il imprima à son genou, elle sut qu'il avait entendu sa remarque. Elle reprit donc : « Tant de femmes laides sont mariées à des époux parfaitement convenables. D'ailleurs notre Priti n'est pas laide, elle a juste la peau un peu sombre. Son nez, par exemple, est bien droit. Elle a de grands yeux et ses dents sont très bien alignées, depuis qu'on lui a ôté son appareil. Il nous a coûté sept mille roupies, mais cela les valait bien. Cela dit, je crois que le dentiste a salé sa note. Il est pourtant le neveu de ta sœur, mais de

nos jours qui fait encore cas des liens de famille ? »
Elle s'interrompit pour regarder sa fille qui mangeait un toast avec une concentration parfaite.
L'alignement parfait de ses dents se refermait sur
le pain moelleux avec délectation. Sa mère soupira
de nouveau.

Priti avait vingt-quatre ans et n'était pas encore
mariée. Sa taille, son poids (légèrement corrigé), la
couleur de sa peau, sa caste et ses références académiques étaient condensées en une petite ligne
enlevée – 24 ans/1 m 60/59 kg/B.A./café au lait/
Khatri – que diffusait chaque dimanche le quotidien local, mais jusque-là aucun parti convenable
ne s'était présenté. Le facteur apportait bien chaque jour un paquet de lettres sur lequel bondissait
Srilata qui l'attendait près du portail, mais aucune
ne provenait d'une « bonne famille » qui eût pu
s'accorder au statut social, au niveau économique
et à la caste des Verma. Les rares – un ou deux –
candidats retenus n'avaient pas poursuivi les négociations après avoir vu Priti.

« Ceux à qui nous plaisons ne nous plaisent pas,
et nous ne plaisons pas à ceux qui nous plaisent »,
expliquait Srilata aux membres de la famille chaque fois qu'ils demandaient quand Priti allait
« s'installer ». M. et Mme Verma décortiquaient
soigneusement les lettres qui arrivaient, puis
Mme Verma les plaçait dans un dossier relié en
cuir, collant la photo d'identité correspondante sur
chacune d'elles. On ne montrait jamais ces lettres
à Priti. « Au cas où elle s'aviserait par malheur de

choisir un coureur de dot dont le visage lui aurait plu. » Mais tous les après-midi, pendant que ses parents faisaient la sieste, Priti ouvrait le dossier et étudiait chaque visage avec intérêt. Elle préférait le noir et blanc aux couleurs brillantes parce que sur les photos en noir et blanc, avec le regard estompé de leurs yeux gris-blanc, les prétendants avaient l'air bienveillants et pleins d'espoir.

« Et si l'on agrandissait la taille de l'annonce de quelques centimètres ? Peut-être que les familles qui répondraient seraient plus convenables que ces gens de classe moyenne bas de gamme qui nous ont contactés jusqu'ici », se dit Srilata à voix haute. Elle n'attendait pas de réponse de son mari, mais il abaissa brusquement son journal et dit : « Ah non, je ne paierai pas pour une annonce plus grande. Nous avons déjà assez dépensé d'argent comme ça. Les parents de ces garçons sont-ils aveugles ou illettrés, que je doive écrire les mots en caractères gros et gras ? Pourquoi ne pas essayer la radio, pendant qu'on y est ? ou la télé ? C'est le dernier dimanche que je fais passer cette annonce. »

Priti essuya ses doigts sur sa chemise et tendit la main vers une autre tartine.

« Arrête ! Tu ne peux pas utiliser une serviette, non ? s'irrita sa mère. De toute façon, tu as mangé assez de toasts comme ça. Tu ne vois pas combien tu as grossi depuis que tu as quitté la fac, à force de rester assise toute la journée à regarder la télé ou à bavarder au téléphone ? A quoi sert de t'avoir envoyée dans ce centre d'amincissement ? Est-ce que tu utilises la crème Shafair[1] que je t'ai achetée, au moins ? Et où est passé ton professeur de musique ? J'en ai tellement marre de toi et de ton père... » Srilata s'arrêta net en pleine phrase pour regarder vers le haut de l'arbre. Le corbeau était revenu et se préparait à venir atterrir de nouveau à leurs pieds. Il étira le cou en produisant un gloussement grave, regardant Srilata droit dans les yeux, comme pour la mettre au défi, et plongea vers le sol. Srilata se leva de sa chaise avec un cri de guerre strident et se mit à agiter furieusement une serviette blanche en direction de l'oiseau. Priti trouvait qu'elle ressemblait à un marin échoué faisant signe à un bateau de passage. Le corbeau s'était posé près de la table et Srilata, qui avait peur de trop s'en approcher, lui hurlait des injures du bord opposé. Priti en profita pour s'emparer d'un autre toast. Tout en mastiquant avec satisfaction, elle regardait ses mains dodues et brunes et se demandait ce qu'il y aurait au menu du déjeuner.

La semaine passa sans que personne répondît à leur ultime appel.

« Le garçon ne sait pas ce qu'il perd, dit Srilata. Il aura une voiture, un appartement, des actions dans les meilleures entreprises, et ses entrées au club le plus chic de Delhi. Quel dommage qu'on ne puisse pas le dire sur l'annonce. Aujourd'hui tout le monde fait bien des mystères à propos des

---

1. Crème pour éclaircir le teint, d'une marque de produits de beauté naturels renommée.

dots et de ce qui va avec. De mon temps, c'était différent : mon père avait exposé tous les cadeaux qu'il destinait à M. Verma, sans effacer les prix, en déclarant : "Il faut que tout le monde voie. Ce que nous donnons, nous le donnons. Pas de secret." Les gens étaient sidérés devant la quantité de choses que j'apportais en dot. Ma mère a donné cinquante et un costumes rien que pour les filles de la maison, alors vous imaginez ce que le reste de ma belle-famille a pu recevoir. Mais bien entendu, ils n'ont jamais manifesté la moindre reconnaissance. Aujourd'hui encore, ils se servent du service en faïence que mon père leur a offert, mais je ne les ai jamais entendus prononcer un mot de remerciement. » Srilata jeta un coup d'œil rapide à son mari camouflé derrière son journal. Son amie, Mme Chawla, qui était passée prendre le thé, opinait du chef et feignait de prêter attention à cette histoire de dot qu'elle avait entendue mainte fois, attendant l'occasion de placer le récit de son festin de mariage qui avait duré trois jours. Cette conversation, à laquelle elles revenaient souvent, leur procurait du plaisir à toutes deux. Mais ce jour-là son tour ne vint pas car Srilata fut appelée au téléphone. Quand elle revint, elle avait le visage en feu et la respiration oppressée.

« De mauvaises nouvelles ? » demanda Mme Chawla en se penchant vers l'avant dans un élan, tandis que ses traits se recomposaient, prêts à adopter d'un moment à l'autre une expression d'horreur ou de compassion.

Srilata tira lentement sa chaise et s'assit, comme sous le coup d'une émotion violente. Elle gardait le silence et, à présent, même M. Verma semblait prendre intérêt à ce qui se passait.

« Dieu fait chaque chose en son temps, dit Srilata. Puis, après une pause : Il attend, observe, attend, observe, puis il fait ce qu'il a à faire. » Mme Chawla écoutait en silence, hochant la tête aux moments opportuns. Elle ne voulait pas interrompre son amie, sachant que certaines nouvelles d'une importance particulière nécessitent ce genre d'introduction rhétorique avant d'être dévoilées.

« Mon défunt père, merci à toi en ton paradis ! Sans toi, cette bénédiction n'aurait jamais pu nous atteindre ! » dit Srilata tandis que les deux femmes levaient leur regard vers le ciel bleu, lumineux et clair. Mme Chawla désigna même à son amie un visage qu'elle voyait prendre forme dans les contours d'un nuage. Srilata inspira profondément, et Mme Chawla suspendit son souffle. M. Verma regardait ses pieds. Le moment était venu… Srilata éclata comme une digue se rompt :

« Un garçon ! On a trouvé un garçon ! Il a choisi notre Priti !, dit-elle d'une voix chevrotante. Et quel garçon ! 1 m 75, docteur en médecine, 15 000 par mois, le teint clair ! Il n'est pas de notre sous-caste, mais qui cela gêne-t-il de nos jours ? C'est le fruit des bonnes actions de mon existence antérieure. O mon Dieu, bénissez mon enfant ! » s'écria-t-elle en libérant un flot de larmes.

Concours d'agapes

Priti fut étonnée de constater que la conversation du garçon était agréable. Ils s'étaient déjà rencontrés au mariage d'un cousin, mais ce jour-là elle ne l'avait vu que de loin. Leurs parents respectifs les avaient encerclés comme des boxeurs sur le ring, chaque clan redoutant de faire le premier pas. Elle se demandait ce qui l'avait poussé à accepter ce mariage. « Ses parents doivent l'avoir épuisé, comme moi, et il a hâte que tout soit terminé une bonne fois pour toutes », pensait-elle.

Manu se demandait si la famille de la fille savait qu'il avait déjà été marié une fois. « Divorcé innocent/jugez par vous-même », dévoilait l'annonce que ses parents avaient fait paraître, à son grand embarras.

« Il faut dire la vérité, sinon, plus tard, nous pourrions avoir des problèmes. Il n'y a pas lieu d'avoir honte, avait souligné son père, quel mal y a-t-il à se marier par voie d'annonce ? On a bien vu ce que cela quand tu choisis toi-même ton épouse ! Mariage d'amour, et tout et tout. Cela ne l'a pas empêchée de partir avec ton meilleur ami. Ça ne serait jamais arrivé si tu nous avais laissé vérifier de quelle famille elle venait.

— Mais… son père est juge à la Cour suprême, protesta faiblement Manu.

— Et alors ? Il y a juge et juge. On aurait pu se renseigner sur lui, demander au cousin de ta mère, l'avocat, de s'en occuper. Bon, de toute façon, c'est de l'histoire ancienne. Maintenant regarde cette fille. Elle est un peu dodue, pas très claire de peau, mais d'une famille très respectable. Fille unique. Père : gros propriétaire à Delhi-Sud, une ferme, des usines. Marié jeune. » Il s'exprimait en style télégraphique, comme une annonce matrimoniale.

Puis vint l'étape du marchandage concret.

« Le clan du garçon ne pose aucune condition, mais c'est notre fille unique et au fond, tout ce que nous avons, c'est pour nos enfants, non ? Nous ne pouvons pas tout emporter avec nous », disait Srilata aux membres de la famille, qui répondaient par des sourires polis. Plus tard, Priti les entendit murmurer : « Ils lui ont acheté un mari. D'occasion, qui plus est. »

Elle s'en moquait. Elle était heureuse de voir sa mère rire comme quand elle était petite lorsqu'elles jouaient ensemble à cache-cache dans le jardin. Son père avait l'air moins maussade et levait plus souvent le nez de son journal. Un jour, au petit déjeuner, il avait même adressé un sourire lugubre à Priti, qui avait failli en renverser sa tasse de thé. Sa mère avait cessé de faire les cent pas sur la terrasse chaque soir en se tordant les mains pour faire pénétrer la crème qu'elle venait d'y étaler, et marmonnant : « Que va-t-il arriver à cette enfant quand nous mourrons ? »

Priti n'avait jamais beaucoup réfléchi à son avenir. Il lui semblait flou, échappait de toute façon à son contrôle, et ressemblerait probablement beaucoup au présent qu'elle vivait. Pourtant, l'après-midi, dans le silence de la maison où elle se retrouvait seule, la peur fondait sur elle à l'idée d'épouser un homme qui ne lui avait adressé la parole que deux fois. Alors, elle ouvrait en hâte les caisses de saris neufs empilées dans la chambre d'amis. Elle appréciait la douceur du papier d'emballage, passait la main sur les pans brodés d'or, suivait du doigt les contours des motifs en forme de mangue, et le calme lui revenait peu à peu. Elle passait le restant de la journée dans une humeur joyeuse, à arranger le nouveau service de table, couverts en argent, nappe et serviettes en lin. C'était comme jouer à la poupée et l'avenir paraissait sans risque, familier.

Dès que le prêtre eut arrêté une date propice au mariage, la maison se remplit brusquement de parents plus ou moins éloignés, arrivés de tous les coins du pays, chargés de leur couchage et de valises comme s'ils venaient s'installer pour toujours. Tous les recoins de la grande maison étaient transformés en dortoirs de fortune et l'ensemble finit bientôt par ressembler à un camp de réfugiés. Les hommes buvaient le thé avec M. Verma qu'ils écoutaient attentivement lire des extraits de nouvelles intéressantes dans des journaux et des magazines. Les enfants jouaient à des jeux bruyants dans le jardin. Les femmes s'étaient scindées en deux groupes. Les plus âgées se coiffaient les unes les autres tout en parlant des mariages auxquels elles avaient été invitées, et faisaient des descentes-surprises aux cuisines pour contrôler les domestiques ; le groupe des jeunes partait faire des courses avec Srilata, et passait le reste de la journée à chercher la petite bête en examinant tous les éléments de la dot. La cuisine exhalait du matin au soir une odeur de mets riches qui emplissait les pièces, et les membres de la famille multipliée étaient nourris toutes les heures comme des bébés. Pour une fois, Priti n'avait pas faim, mais elle regardait chaque matin le cuisinier engagé pour la circonstance disposer sur des plateaux les gâteaux qu'il venait de préparer.

« Pas question de repas au restaurant. Nous appellerons notre *halvai**, et il cuisinera sous nos yeux tous les jours. Je veux voir ce qu'on nous sert. Pas de nourriture rassise derrière des carottes ou des betteraves découpées en fleurettes pour le mariage de ma fille. Du *ghî* seulement, et du pur ! » avait déclaré son père avec véhémence. Priti ne l'avait jamais vu aussi animé. Il ne se cachait plus derrière son journal, mais s'asseyait bien en vue chaque matin et tenait cour au milieu d'un cercle d'admirateurs, évoquant ses propres noces et déplorant la mode des mariages au restaurant.

« On y sert des salades, maintenant. De mon temps, on ne donnait de carottes qu'au cheval du marié[1]. Cent vingt hommes de mon clan étaient venus. La famille de mon épouse nous regardait bouche bée, stupéfaite. Les femmes n'avaient pas le droit de venir de notre côté. Maintenant, on les voit

---

1. Dans un mariage traditionnel hindou, le marié arrive monté sur un cheval à la cérémonie.

non seulement se mêler aux hommes, mais danser dans la rue sans la moindre pudeur. » Et tous d'approuver poliment d'un claquement de langue.

Srilata, elle aussi, tenait cour. Elle y donnait sa version du même mariage, trente ans auparavant.

« Ils arrivaient comme des hordes affamées. Heureusement, mon père avait fait tout ce qu'il fallait pour contrôler la foule. A la façon dont ils mangeaient, on aurait dit des mendiants. Ils repartaient en demandant des paniers de sucreries pour ceux qui n'avaient pas pu venir. Mon père leur en a donné de quoi tenir un mois ! Toute la ville a parlé de ce mariage pendant plusieurs années. Ma mère a distribué des pièces d'argent, une pour chaque membre du clan de ton père. Certains n'en avaient jamais vu, tu te rends compte ! » dit-elle à l'adresse de Priti dont elle pinça la joue avec espièglerie, en éclatant de rire. Son entourage souriait sans discontinuer en mâchonnant joyeusement les *kachori** croustillants que le cuisinier venait de faire frire dans un immense chaudron.

« Dieu soit loué, on a fini par trouver un mari à Priti, disaient-ils. Même si c'en est un d'occasion », ajoutaient-ils dans un murmure en la regardant avec un intérêt inédit, comme si un miracle était arrivé qui la transformait en un être nouveau à redécouvrir.

« Dieu soit loué mille fois ! Sans Lui, elle aurait connu le sort de la fille de Gauri, commenta une vieille tante. Vous vous rappelez, celle qui avait une si vilaine tache sur la joue ? Gauri est morte l'an dernier, et sa fille se retrouve toute seule dans la grande maison. Il paraît qu'elle s'occupe de chiens errants et qu'elle déambule à travers le marché, vêtue d'une vieille tenue d'intérieur. Que c'est triste. Gauri était si riche, domestiques en uniforme, serviettes en dentelle sur les tables... Elle parlait même anglais à son chien. » Un silence général s'installa et il y eut des mouvements gênés tandis que le plat de *kachori* refroidissait sur la table. Priti se demandait si elle aurait, elle aussi, erré à travers les rues en robe d'intérieur défraîchie si ce garçon n'avait pas voulu l'épouser. Il lui vint une bouffée de colère à son égard, mais elle n'arrivait pas à se rappeler son visage. Elle tendit la main vers un *kachori*, et tout le monde s'empressa d'en faire autant.

Le père de Manu s'était mis en colère. « Quelle bande d'avares ! Vous vous rendez compte, faire venir un *halvai* ! Ils ont pourtant largement les moyens d'inviter la noce dans un grand restaurant. J'espère que Verma ne va pas faire le difficile, question argent, se plaignait-il tout en aspirant bruyamment des gorgées de thé. Mais on peut toujours chercher ailleurs, il est encore temps. »

Manu interpella sa mère du regard, espérant qu'elle allait prendre le relais pour défendre sa cause. Il était las de toute l'affaire et son seul souhait était d'en avoir fini avec ces noces. Peu lui importait désormais qui était cette fille et ce que le père faisait, servait ou mangeait.

« Et cette famille d'Ambala, celle qui tient l'usine de pulpe de fruits ? » demanda son père. La mère de Manu le regarda en silence, puis croisa les mains et ferma les yeux dans une attitude de prière.

« O Durga, Mère divine, rends la raison à cet homme, aide-nous, je T'en prie. Donne-moi la force de supporter tout cela, dit-elle sans ouvrir les yeux, avant de s'adresser à son époux. Ecoute, nous avons choisi cette fille une fois pour toutes. Elle est de bonne famille, et Manu sera en sécurité avec une femme simple et sans attraits. Plus de reines de beauté pour lui. Un divorce dans la famille, ça suffit. Tu veux imiter l'oncle Kapur ? Il a dépensé dix lacks [1] en deux ans pour marier ses deux fils. Chacun a divorcé et s'est remarié deux fois. Au lieu de cela, il aurait pu placer cet argent à long terme et aujourd'hui, il en retirerait un intérêt confortable, dit-elle. Et rappelle-toi comme les oreilles de la fille d'Ambala sont grandes ! C'est toi qui as remarqué que toute la famille les avait comme ça, que c'était un défaut héréditaire. Moi, j'aime bien cette Priti. Elle a l'air sérieuse, pas du genre à disparaître dans la nature. Alors, réfrène ton avidité et arrête de tourner autour de chez eux comme un voleur aux aguets. Si tu crois qu'ils ne te reconnaissent pas, malgré ton espèce de casquette ! Cesse de jouer les Sherlock Holmes et occupe-toi de mettre au point les détails de la réception. » Elle reposa sa tasse de thé sur la table

---

1. 1 lack = 100 000 roupies.

d'un geste ferme. Manu but son thé en hâte et sortit. Il entendait son père continuer à grommeler à propos du cuisinier, bien que sa mère ait elle aussi quitté la pièce.

Il ne restait plus que cinq jours avant le mariage. Une compétition farouche s'engagea entre les deux « camps », et comme beaucoup d'invités étaient communs aux deux groupes, chacun tentait d'éclipser l'autre en leur proposant mieux. L'état d'agitation du père de Manu s'aggravait car il semblait que la famille de Priti marquât des points dans cette bataille de festins.

« Vous savez qu'ils sont allés chercher leur cuisinier jusqu'à Amritsar ! C'est un cordon-bleu, un vrai magicien. Je n'oublierai jamais les *kachori* et les pommes de terre Amritsar qu'il a préparées hier soir », s'exclama un invité totalement dépourvu de tact en s'asseyant à table pour déjeuner chez Manu.

« En tant que clan du garçon, aucune obligation ne nous incombe, mais puisque Manu est notre fils unique, nous avons organisé une fête, nous aussi. Elle a lieu ce soir aux Résidences Rendez-Vous. Cela me coûte vingt-cinq mille roupies plus les taxes, mais qu'est-ce que l'argent à côté du bonheur de mon fils ? » répondit le père de Manu.

« Surtout que c'est la deuxième fois, cela vous fait doubles frais », ajouta le convive en se servant un gros morceau de poulet. Le père de Manu aurait voulu qu'il s'étranglât avec.

Du petit déjeuner au dîner, chaque famille faisait déguster ce qui se faisait de meilleur et de plus cher à ses invités. Ceux-ci tanguaient d'une maison à l'autre, rotant et mâchonnant des comprimés contre l'acidité gastrique. Ils mettaient de l'huile sur le feu en dispensant louanges et critiques sur chaque repas avalé. Le père de Priti pressa son très estimé cuisinier d'augmenter la quantité de *ghî* pur dans ses pâtisseries, tandis que le père de Manu commandait un superbe gâteau à cinq étages, à la crème fraîche, et rempli de mangues Alfonso hors saison. Un camp servait-il des sucreries au lait concentré *(rabri*)*, l'autre contre-attaquait avec des glaces à la pistache *(kulfi*)* parfumées au safran. Au riz *biryani**-épinards de la cérémonie assortie d'un récital classique qui fut donnée chez la fille, répondit un énorme poisson de cinq kilos cuit au four tandûri avec des graines de coriandre fraîchement écrasées à la réception du dernier jour de célibat de Manu. Comme les deux promis n'étaient pas censés se rencontrer avant le jour du mariage, ils ne pouvaient que capter des échos de ce qu'on servait dans la maison de leur partenaire, colportés par les invités qui commençaient à afficher une certaine pâleur et se traînaient d'un repas à l'autre avec effort, l'air épuisé.

« Je suis sûre que mon taux de cholestérol a augmenté pendant ces quatre derniers jours, pronostiqua une tante.

— Je voulais éviter le déjeuner chez le garçon, mais quand j'ai vu qu'ils servaient du *kulfi* à la pomme-cannelle, je n'ai pas pu y tenir », avoua une autre avec une grimace, tout en avalant un verre de décoction de menthe contre la dyspepsie.

Enfin, vint l'apothéose, le festin de noce chez la fiancée. Les convives prirent place à une longue table qui s'étirait à l'infini sous le dais comme une ligne de chemin de fer. L'atmosphère était à l'expectative.

« Pas question de buffet-piaffet pour moi ! avait annoncé le père de Priti. Il n'y a que les chevaux pour manger debout. Je veux un repas assis pour deux cents personnes. »

Et il s'en prenait aux femmes de la maison : « Ma mère et ma grand-mère l'ont bien fait, pourquoi pas vous ? Vous n'en avez pas la force, ou quoi ? »

« Nous ne voulons pas nous tacher nos vêtements. Tu sais bien que je ne peux pas servir une tasse de thé sans en renverser la moitié. Et de toute façon, je déteste voir les gens manger comme des porcs, comme ce sera sûrement le cas, étant donné qu'ils sont du même genre que ta famille. J'ai entendu dire qu'ils n'ont servi qu'un seul plat de poulet à leur dîner hier », dit la mère de Priti.

On engagea donc trois douzaines de serveurs, que la mère de Priti accepta de superviser. Elle arpentait les longues files de convives avec les grands gestes de mains d'un chef de fanfare. Comme elle avait du mal à suivre le rythme des serveurs, elle demandait souvent aux invités de reprendre d'un plat alors qu'on venait de les resservir. Ils acquiesçaient dans l'hébétude, la bouche pleine, incapables d'articuler, tandis qu'elle passait au suivant, toujours à la traîne des serveurs aux pieds agiles.

Ils mangeaient comme des soldats au retour d'une bataille, calmement, avec détermination, jusqu'à en avoir le ventre tendu comme une peau de tambour. Et pourtant ils acceptaient cette ultime assiette. Après quoi, ils se renversaient sur les chaises de bois, gonflés comme des outres, réduits à l'impuissance, suffoquant bouche ouverte à la façon des poissons hors de l'eau. Ils esquissaient de la tête un faible signe de dénégation quand on les pressait d'accepter juste une dernière bouchée. Quelques braves se laissaient resservir – « un tout petit peu, juste pour vous faire plaisir » – de peur d'offenser leur hôtesse en refusant.

Le père de Priti, debout à une extrémité de la table, un sourire satisfait aux lèvres, les regardait manger tout en se frottant les mains avec componction, et pensait : « De toute leur vie, ils n'oublieront pas cette noce. »

Assurément, les invités se rappelaient le somptueux festin alors qu'ils titubaient vers la sortie et l'air frais de la nuit, rouges et abattus, évitant la troupe des gamins sans logis qui attendaient patiemment qu'on leur distribue les restes. Mais ce souvenir serait effacé dès le mariage suivant car le ventre a la mémoire courte.

Priti, elle, n'oublia jamais. Et quand elle prenait le thé au jardin, seule avec ses trois filles divorcées, il lui semblait toujours s'être mariée la veille. Bien qu'elle ne pût se rappeler précisément les traits de son mari défunt, l'arôme exhalé par les mets plantureux restait gravé dans sa mémoire sensorielle, et elle leur racontait souvent les récits savoureux de son grandiose festin de noce, un festin digne des dieux.

BIRYANI VERT

400 g de riz basmati
1 kg de mouton ou d'agneau
8 cuillères à café d'huile
4 gros oignons en tranches
4 gousses de cardamome verte
2 cuillères à café de gingembre frais haché fin
2 bâtons de cannelle
4 clous de girofle
1 feuille de laurier-sauce
1/2 tasse de yaourt épais
1 pincée de poudre de piment
sel à volonté
1 tasse d'épinards cuits et écrasés
1 tasse de bouillon de viande

Faites chauffer l'huile et frire les oignons à petit feu. Ajoutez la cardamome, le girofle, la cannelle, le laurier, puis les morceaux de viande. Faites-les rissoler en les tournant sur toutes leurs faces, puis versez le yaourt battu. Ajoutez sel et piment; laissez frire le mélange un moment avant de verser le bouillon, puis faites cuire à feu doux jusqu'à ce que la viande soit presque tendre.

Faites bouillir le riz dans une casserole jusqu'à mi-cuisson, puis passez l'eau. Dans un récipient à fond épais, versez la moitié de la préparation à la viande; recouvrez d'une couche d'épinards et d'une noix de beurre; superposez une autre couche de viande, puis d'épinards. Recouvrez avec le riz et un peu de beurre fondu. Posez le couvercle et scellez avec un morceau de pâte.

Faites cuire à petit feu et descellez au moment de servir. Profitez-en pour savourer l'arôme ineffable des épices et pour régaler vos yeux de ce beau vert tendre.

POMMES DE TERRE AUX GRAINES DE SÉSAME BLANC
(TIL ALU)

250 g de pommes de terre bouillies et pelées
1 tasse de graines de sésame blanc
1 cuillère à café de poudre de curcuma
1 cuillère à café d'huile
2 piments rouges
4 ou 5 gousses d'ail
1/2 cuillère à café de graines de fenugrec
sel à volonté

Faites griller les graines jusqu'à ce qu'elles brunissent légèrement. Ecrasez en pâte avec l'ail, les piments rouges et quelques gouttes d'eau seulement. Utilisez une pierre à broyer les épices pour un résultat optimal. Faites chauffer l'huile et mettez à frire les graines de fenugrec. Ajoutez le curcuma, puis la pâte de sésame. Faites frire doucement, puis ajoutez les pommes de terre. Mélangez bien. Servez froid avec du riz. Ce plat pimenté et épicé vient du Népal, où il est servi comme condiment.

DESSERT AUX POIS DE SOJA
(MÛNG * DÂL HALVA *)

1 1/2 tasse de pois de soja concassés
1 tasse de sucre
1/2 tasse de lait
3 cuillères à soupe de *ghî*
1 cuillère à café de graines de cardamome
quelques amandes effilées et noix de cajou

Faites tremper les pois de soja pendant cinq heures, puis écrasez-les en pâte fine. Faites chauffer le *ghî* dans un récipient à paroi épaisse. Faites-y frire la pâte lentement jusqu'à ce qu'elle change de couleur. Mélangez peu à peu le sucre. Faites bouillir le lait avec la cardamome, puis ajoutez-le au mélange et laissez cuire à feu doux jusqu'à évaporation du lait. La graisse remonte alors à la surface. Ajoutez les noix, et servez chaud.

Ce dessert nutritif, luisant de *ghî*, est souvent servi aux repas de noce. Une petite portion suffit pour un effet prononcé, sur le tour de taille comme sur la faim.

La colère des aubergines

Mme Kumar souleva le rideau pour regarder par la fenêtre. Il était encore tôt, mais parfois il arrivait à midi, quand il n'avait rien d'autre à faire. Peu après, il entra et s'assit sur la chaise en bois sombre qu'il avait achetée à une vente aux enchères de l'ambassade américaine quinze ans plus tôt.

Bien qu'ils se soient séparés sept ans auparavant, Mme Kumar se rappelait leur vie conjugale dans ses moindres détails. Son existence de femme seule ne lui paraissait pas très différente de la vie ennuyeuse qu'ils avaient menée ensemble en tant qu'époux. Aux matins mornes, aux après-midi vides, aux soirs silencieux avait succédé une autre variété d'isolement tranquille, qu'elle trouvait plutôt apaisant, comme le baume contre la migraine auquel elle avait souvent recours. Elle avait cette petite maison à entretenir, le potager à cultiver, le manguier à surveiller. Son fils lui écrivait une fois par mois du New Jersey et lui envoyait chaque année un pull-over neuf, toujours de la même couleur. Seule la visite hebdomadaire de M. Kumar, le dimanche, bousculait l'agencement immuable de ses journées.

M. Kumar était un homme renfermé et taciturne, dont le visage ne présentait aucune expression, si ce n'est, de temps à autre, un froncement de sourcils reflétant un tumulte intérieur intense. En dehors de ces moments, aucune ligne sur ses traits fades ne trahissait qu'il eût jamais pu ressentir colère, amour ou haine.

« Je suis ce que je suis », disait-il souvent à qui voulait l'entendre. C'était vrai. Il n'était rien de plus que chair, peau et os, transparent à tout œil comme un homme-sandwich placardé en permanence d'une radioscopie de lui-même.

Quand il décida de se séparer de son épouse, il le fit sans traumatisme émotionnel ni culpabilité. Aucune raison ne fut produite, aucune explication réclamée. Bien qu'ils n'eussent pas signé d'acte officiel de divorce, ce fut une rupture nette, chirurgicale, de liens qui n'avaient jamais réellement existé. Quand il l'avait épousée, il avait vingt-huit ans et elle, dix-huit. Leur mariage était une affaire conclue de longue date entre les deux familles pour permettre à leurs entreprises respectives de fusionner. Mme Kumar avait apporté une dot substantielle, qui avait financé l'éducation de son mari dans une université étrangère prestigieuse ainsi que l'acquisition de son premier costume, de sa montre Rolex et de sa voiture. Ils avaient engendré un fils dont la conception les perturba et les stupéfia tous deux à tel point qu'ils ne renouvelèrent jamais l'expérience.

Le fils grandit dans la chaleur et la confusion des deux familles étendues sans distinguer son père des autres hommes de la maisonnée. Jusqu'à l'âge de dix-huit ans, il vécut avec l'impression que son oncle préféré était l'auteur de ses jours. Quand il se rendit compte que c'était en fait M. Kumar, il fut si abasourdi qu'il s'enfuit de la maison familiale. On le retrouva quelques jours plus tard, et avant qu'il ne s'avisât de commettre un nouvel acte radical, son grand-père le maria à une fille de bonne famille, généreusement dotée. Mme Kumar n'avait pas voix au chapitre. M. Kumar non plus.

Le jour du décès de son père, M. Kumar décida de se séparer de sa femme. La famille, qui avait tant aimé les voir unis, se moquait désormais de leur situation car la plupart de ses membres étaient morts, séniles ou installés aux Etats-Unis où le fils de M. Kumar s'était empressé d'émigrer, lui aussi, dès sa majorité.

Mme Kumar accueillit la séparation avec le même calme imperturbable qu'elle avait accepté le mariage avec M. Kumar, la prise en charge consécutive de son fils et la tonalité lugubre de sa vie conjugale.

Il ne lui restait désormais que le dimanche pour se rappeler qu'elle avait été mariée. Ce jour-là, elle se levait de bonne heure, prenait une douche rapide, et revêtait un sari fraîchement amidonné. Elle s'acquittait de ses prières plus vite que les autres jours, s'appliquait en hâte un disque de poudre vermillon sur le front et pénétrait dans la cuisine pour faire mariner la viande.

Le menu était plus ou moins identique chaque dimanche, M. Kumar ayant cinq ou six plats favoris qu'elle lui servait en alternance tout au long de l'année. Bien qu'il vécût séparé de l'épouse à laquelle il n'avait jamais accordé la moindre attention, il venait régulièrement, chaque semaine, déjeuner avec elle. Le reste du temps, il mangeait ce que son domestique lui préparait, ou bien prenait ses repas à son club. Mais dès qu'arrivait le dimanche, M. Kumar, comme un meurtrier aimanté irrésistiblement vers le lieu de son crime, prenait le chemin du foyer pour déjeuner avec sa femme. Il arrivait à midi et demi pile et n'avait jamais besoin de frapper ou de sonner car elle laissait toujours la porte ouverte. Il s'asseyait pour lire le journal pendant qu'elle apportait les dernières touches au repas. Parfois, il se rendait dans la pièce qui avait été leur chambre et vérifiait le contenu des placards, sans jamais toucher à rien. Ils n'échangeaient jamais une parole.

L'aubergine *bharta** était prête. Il ne restait plus à Mme Kumar qu'à la garnir de feuilles de coriandre fraîche qu'elle cueillerait au jardin. Cette année-là, elle avait produit une récolte exceptionnelle de légumes. Même l'oignon et l'ail venaient de son potager. Elle coupa le gingembre en tranches fines qu'elle plongea dans du jus de citron frais, comme M. Kumar les aimait. L'année précédente, elle avait planté un citronnier dont elle surveillait soigneusement les bourgeons qui commençaient à apparaître. Ses mains dodues et pâles évoluaient sans effort tandis qu'elle hachait les oignons avant de les faire frire pour les rendre bruns et croustillants et en garnir le riz *pulao**. Ses yeux ne larmoyaient jamais lorsqu'elle coupait les oignons. Un avantage aussi rare avait suscité la stupéfaction dans sa famille.

« Laissons Sushma s'occuper des oignons. Elle s'en sort vraiment bien », disaient ses sœurs chaque fois qu'elles préparaient le repas. Mme Kumar éprouvait un réel bonheur quand on l'appelait pour couper les oignons. Elle se précipitait d'un seul élan à la cuisine, coinçant l'extrémité du pan de son sari dans sa ceinture avec détermination. Les autres s'écartaient pour lui faire place dans la pièce surpeuplée et faisaient parfois cercle autour d'elle pour la regarder hacher et trancher avec virtuosité. Elle était devenue si experte qu'elle pouvait produire des lamelles fines comme du papier sans même regarder son ouvrage. Aujourd'hui encore, dans la grisaille de ses après-midi silencieux, elle entendait parfois résonner dans la cuisine la voix de sa mère disant « Laissez Sushma s'occuper des oignons », et une onde de bonheur la traversait.

Comme elle avait trouvé ce matin-là dans son potager deux grosses aubergines violettes et luisantes, elle avait préparé un plat d'aubergines *bharta* pour accompagner le curry de viande au yaourt. Elle les avait fait griller sur un feu de bois dans la cour derrière la maison avant d'ajouter les tomates et les piments verts hachés fin, mais brièvement. Elle n'aimait pas les laisser trop longtemps sur le feu comme le font la plupart des gens car une longue cuisson, selon elle, en émoussait le goût de grillade. Elle fit mijoter l'agneau au yaourt à feu doux jusqu'à ce que la viande absorbe la sauce et les saveurs de cardamome, d'anis et de gingembre séché. C'était une recette du Cachemire qu'elle tenait de sa voisine, mais elle aimait y ajouter quelques touches de son cru, du piment rouge, par exemple. Parfois, après le départ de M. Kumar, elle mettait un peu du restant de curry dans un récipient en métal et le portait chez sa voisine. Elle ne sonnait jamais, préférant le laisser sur le rebord de la fenêtre de la cuisine afin d'éviter le mari, un homme massif et exubérant au regard intense qui effrayait Mme Kumar.

Elle vint poser les aubergines *bharta* sur la table, à côté du *raita* de concombre râpé. M. Kumar froissa son journal et changea légèrement de position sur son siège, sans regarder. Elle se mit à transférer avec soin des cuillerées de *pulao* fumant du faitout sur un large plat, dernière relique d'un service de table anglais que sa mère lui avait donné en dot. Le motif rose et or de la faïence mettait en valeur les noix de cajou et les raisins sur leur lit de riz brun doré, et un arôme de cardamome emplit la pièce. M. Kumar plia son journal et se leva. C'était son signal pour passer à table, laquelle avait été, elle aussi, dénichée à la vente aux enchères de l'ambassade américaine. Ils s'assirent face à face. Mme Kumar servit son mari et le regarda manger.

« C'est salé à point ? » demanda-t-elle à voix basse avec une soudaineté qui fit sursauter son mari. Il se contenta d'acquiescer d'un signe de tête sans lever les yeux, vaguement irrité par cette saute de bavardage de la part de sa femme.

« J'espère qu'elle ne va pas se mettre à gâcher les repas en jacassant à tout propos », pensa-t-il avec une pointe de colère. Elle se tut. Après lui avoir resservi une assiette de curry de viande, elle alla chercher à la cuisine le pickle de mangue qu'elle avait préparé avec les fruits de son jardin. Alors, elle s'installa à son tour pour manger.

On n'entendait pas un bruit, sauf de temps à l'autre celui d'une cuillère contre un plat, le tintement léger des bracelets de Mme Kumar et les rots de satiété émis par M. Kumar tout en mangeant. Il se resservit de la viande, s'appliquant méthodiquement à nettoyer le contour des os, les yeux fermés, abîmé dans une méditation profonde. Puis il entassa sur son assiette un monticule de *pulao* que Mme Kumar venait de réchauffer et versa par-dessus une louche généreuse de sauce de curry. Ses doigts agiles pétrissaient riz et sauce en boulettes bien régulières qu'il expédiait l'une après l'autre dans sa bouche. Sous la table, ses genoux s'agitaient sur un rythme joyeux, satisfait. Il termina le repas en levant cérémonieusement le bol de *raita* qu'il but jusqu'à la dernière goutte d'une seule lampée. Il mangea encore un morceau de pickle de mangue avant de quitter la table. S'il n'y avait pas de dessert, c'est qu'on lui avait prescrit de réduire sa consommation de sucre. Son docteur lui avait aussi conseillé d'éviter la nourriture riche et épicée – ce qu'il faisait le reste de la semaine. C'était précisément l'abstention qui rendait si délicieux ce curry de viande blanc qui associait heureusement gingembre et anis, velouté comme du beurre, avec en contrepoint des piments rouges brunis dans le *ghî* pur. Pourtant, ce plat ne manquait jamais de lui provoquer des brûlures d'estomac. Et tandis qu'il demeurait éveillé toute la nuit, se tournant et se retournant, au martyre, mâchonnant des emplâtres gastriques, M. Kumar se sentait justifié d'avoir quitté sa femme.

CURRY DE VIANDE AU YAOURT
*(YAKHNI *)*

1 1/2 kg d'agneau coupé en dés, ou de côtelettes
4 cuillères à café de poudre de graines d'anis
2 cuillères à café de poudre de gingembre
3 tasses d'eau
1 tasse de yaourt
2 cuillères à café d'huile de moutarde ou autre
quelques graines de cardamome
piments rouges à volonté
sel à volonté

Faites chauffer l'huile dans une grande poêle. Ajoutez les morceaux de viande avec deux tasses d'eau, le sel, la poudre d'anis et de gingembre. Laissez cuire à feu doux jusqu'à mi-cuisson de la viande. Mélangez le yaourt à une tasse d'eau et ajoutez à la viande. Couvrez, et laissez mijoter jusqu'à cuisson complète. Avant de retirer du feu, saupoudrez de graines de cardamome écrasées. Vous pouvez ajouter un piment rouge frit dans le *ghî* si cela vous tente. Servez avec du riz nature ou du *pulao*.

AUBERGINES *BHARTA*

2 aubergines rondes, moyennes
1 oignon haché
1/2 cuillère à café de graines de coriandre écrasées et grillées
1 piment vert épépiné et haché fin
1 grosse tomate en petits morceaux
1 cuillère à soupe d'huile

Faites griller les aubergines sur une flamme, en les tournant lentement pour que la peau soit bien calcinée. Puis trempez-les dans l'eau froide pour les peler. Ecrasez bien. Faites chauffer l'huile, ajoutez les graines de coriandre, puis l'oignon haché. Faites frire légèrement, ajoutez les tomates. Joignez-y ensuite les aubergines, mélangez tous les ingrédients et laissez cuire quelques minutes.

Ajoutez du sel à votre goût. Servez chaud avec des *chapati** ou des *nân**.

CURRY D'AUBERGINES AU YAOURT

500 g d'aubergines longues ou rondes coupées en petits morceaux
1/2 cuillère à café de poudre de coriandre
1/2 cuillère à café de poudre de cumin
1/2 cuillère à café de poudre de curcuma
1 tasse de yaourt battu
1 cuillère à soupe d'huile

Faites chauffer l'huile, mettez-y à frire les épices en poudre pendant seulement quelques secondes avant d'ajouter les aubergines en morceaux. Couvrez et laissez cuire jusqu'à ce que les aubergines soient tendres (environ dix minutes). Vous pouvez ajouter un petit peu d'eau et remuer en cours de cuisson pour que les épices se mélangent bien. Retirez du feu et ajoutez le yaourt battu juste avant de servir. Se mange chaud ou froid avec riz, *nan* ou *chapati*.

AUBERGINES FRITES
*(BEGUN BHAJA *)*

2 grosses aubergines rondes
1 grande cuillère de farine
poudre de curcuma
sel
poudre de piment
3 grandes cuillères d'huile

Après avoir coupé les aubergines en tranches rondes d'épaisseur moyenne, enduisez-les d'un mélange de poudre de curcuma, de piment et de sel sur chaque face, puis trempez-les dans la farine. Faites frire à l'huile bouillante. Disposez sur du papier absorbant qui retiendra l'excès d'huile. Mangez immédiatement, bien chaud, seul ou accompagné de riz. Ces aubergines frites sont servies en hors-d'œuvre dans tout festin bengali qui se respecte.

L'épreuve du train

Malgré leur petit nombre, les quatre membres de la famille Sen formaient un îlot bien distinct sur le quai bondé. Ils avaient étalé leurs bagages sur le banc et tout autour d'eux. Gopal Sen était fermement planté à une extrémité, comme un serre-livres, protégeant de sa silhouette corpulente et trapue sa mère âgée et dérobant en même temps sa fille adolescente aux regards sournois des hommes « de mauvais genre ». Dodue et appétissante comme un fruit mûr à point, elle était assise sur une grosse valise qu'elle bourrait de coups de pied en balançant les jambes, en dépit des remontrances de Gopal. Son épouse Malati, debout au milieu du groupe, grande et svelte, le pan de son sari flottant autour d'elle tandis qu'elle allait et venait dans la lumière poussiéreuse du petit matin, évoquait un palmier ondulant dans une oasis. « As-tu fermé le portail du jardin ? » demanda son mari pour la énième fois.

« Je ne me rappelle pas. Peut-être bien. Ou alors j'ai oublié. On boit un thé ? demanda-t-elle, espérant le distraire, bien qu'elle connût d'avance la réponse.

— Un thé ? un thé ? Tu es devenue folle ? Boire un thé sur le quai d'une gare ? A ce comptoir ? Tu as vu la bouilloire qu'il utilise ? Elle n'a pas été nettoyée depuis l'époque de la reine Victoria ! Et son filtre ? Mon Dieu, rien que d'y penser, j'en suis malade. Et tous ces hommes attroupés devant, dit Gopal en jetant un regard méfiant sur la foule. As-tu dit aux voisins de faire attention aux gens douteux qui pourraient rôder autour de la maison ? » demanda-t-il pour la cinquième fois.

Malati, feignant la surdité, entreprit de vérifier le contenu de son sac à main. Dès qu'elle l'ouvrit, son mari lui cria : « Tu as les tickets ? Je te les ai donnés, ou bien est-ce à maman ? Maman, maman, où est ton sac ? Je ne le vois pas. Avec tous ces voleurs partout. Maman, oh, maman, réveille-toi ! » cria-t-il en secouant la vieille dame si fort qu'il faillit la faire tomber du banc. Mais elle continuait à somnoler. « Elle est morte, ou quoi ? Dieu du ciel, et dans cet endroit, comme par hasard ! Avec tous ces bagages ! Maman, maman, réponds-moi ! » Sa voix cassée par l'angoisse s'était réduite à un murmure.

Sita Sen ouvrit lentement les yeux et figea un regard de colère froide sur son fils unique.

« Si je pouvais être morte ! Au moins tu me laisserais tranquille. Croa... croa... depuis que tu as appris à parler, on dirait un corbeau qui me vrille les oreilles. Les tickets sont dans ta poche. Maintenant laisse-moi me reposer. Tu nous as amenés ici trois heures avant le départ du train. Je n'ai même pas pu prendre un vrai bain, dit-elle d'une voix empreinte d'une irritation rompue à la patience. Elle referma les yeux avec un soupir.

— Nous ne sommes pas les seuls. Regarde tout le monde qu'il y a sur le quai. C'est bien d'être venus tôt. Si tu savais comment ces gens se ruent à l'assaut quand le train arrive ! Quand on voyage avec des femmes, il vaut mieux arriver tôt pour éviter d'être bousculés par des inconnus », dit Gopal en jetant un regard hostile à la famille qui attendait à côté d'eux. Pas de garçons, constata-t-il avec soulagement, mais un homme de moins de cinquante ans. Il pouvait bien avoir de mauvaises intentions à l'égard de Kajol ou de Malati. C'était le genre – cheveux teints huilés et peignés en arrière, mouchoir à carreaux dépassant de sa poche, chaussettes bleues. Gopal se rappela brusquement un avertissement de son père : « Ne fais jamais confiance aux hommes qui portent des chaussettes de couleur ou qui utilisent parfum ou after-shave. Ils le font pour séduire les femmes... celles des autres, pas les leurs. »

Gopal reprit sa place en vigie. Il ne voulait pas laisser les femmes trop longtemps seules. Ce groupe d'hommes, là, avait l'air particulièrement louche.

« Allons-nous-en d'ici », dit-il en scrutant le quai bondé en quête d'un espace plus sûr pour ses femmes. Debout sur la pointe des pieds, la main en visière sur un œil, il regardait autour de lui avec l'inquiétude d'un Noé évaluant les alentours de terre ferme avant de construire l'Arche.

Mais Sita Sen refusa de bouger et ouvrit sa boîte à bétel. Elle resterait sur son banc. Et pour illustrer la fermeté de sa résolution, elle entreprit d'étaler lentement un peu de chaux sur une feuille. Gopal se mit alors à arpenter le quai de long en large, semblable en tous points à un tigre agité montant la garde autour de ses petits.

Tandis qu'il faisait les cent pas, les femmes, assises sur le banc, observaient les autres en mangeant des chips. Kajol regardait les garçons du groupe voisin en espérant qu'ils monteraient dans le même train qu'elle. Elle lisait une bande dessinée cachée dans le *Conte de deux villes* que son père lui avait offert pour son dernier anniversaire, tandis que sa mère vidait le verre de thé qu'elle avait acheté au comptoir dès que Gopal avait tourné le dos. Sita Sen, dans sa somnolence, rêvait du *puri* aux pommes de terre qu'elle avait mangé sur ce même quai bien des années plus tôt, quand elle n'était encore qu'une adolescente en voyage avec sa famille.

Leur train entra en gare. A l'ébahissement de Gopal, ils réussirent à y monter sans anicroche. Mais alors qu'il s'asseyait à sa place en bénissant le ciel, une voix forte et autoritaire rompit la trêve.

« Ce sont nos couchettes. Libérez-les, s'il vous plaît. » La femme aux cheveux gris qui mettait cap sur eux, se frayant un passage à travers l'océan des bagages évoquait une énorme baleine. Gopal tenta de se lever pour défendre son territoire, mais trébucha, les pieds empêtrés dans les courroies d'un sac de voyage.

« Non, protesta-t-il d'une petite voix, cherchant à retrouver son sang-froid malgré sa position d'esclave mis aux enchères, debout, chevilles entravées. Tenez, le billet dit "33, 34, 36, 37, M. G. Sen et compagnie". Lisez vous-même », ajouta-t-il en sondant sa poche de chemise à la recherche du bordereau de réservation. Elle était vide. Il n'entendait plus que les palpitations de son cœur. Des taches noires dansaient devant ses yeux. Y avait-il eu erreur ? Il avait perdu leurs tickets. Peut-être allait-on les éjecter à une prochaine gare Dieu sait où. Il imaginait sa mère allongée sur un quai obscur et désolé dans la lueur parcimonieuse d'une lanterne, sa fille hurlant, emportée de force dans la nuit par des hors-la-loi, sa femme…

« Mais, n'êtes-vous pas Joya, de chez Mme Irwin à Simla ? » La voix de sa mère suspendit la vision d'horreur. L'amazone, qui s'apprêtait à appliquer ses droits en installant ses sacs, s'arrêta net.

« Sita ? Mon Dieu, comme tu as vieilli ! Je ne t'aurais jamais reconnue, sans ta verrue au menton », dit-elle. Dans un froufrou de pans de saris et à grands cris de ravissement, les deux femmes repoussèrent les bagages pour s'étreindre.

Le train poussa un sifflement plaintif et quitta la gare de mauvais gré, avec des petits cris aigus et des gémissements de chiot nouveau-né. Une secousse projeta sur leurs sièges Sita Sen et son amie Joya, qui se mirent à bavarder avec animation. Gopal les regardait d'un air misérable tout en tentant d'extirper ses chevilles des courroies du sac. Telle la brume qui précède le lever du soleil, confusions et querelles à propos des places se résorbèrent dès que le train se mit en branle. Tous les passagers, y compris ceux qui venaient de s'affronter avec acrimonie, étaient maintenant installés côte à côte, à l'amiable, bavardant comme de vieilles connaissances. La paix descendit sur les compartiments ferraillants. Le train n'avait pas quitté la banlieue que déjà on déballait des paquets de nourriture.

Un arôme de *ghî* pur flottait dans l'air tandis que Sita disposait des *puri* sur une immense assiette en inox, à côté d'une boîte à en-cas pleine de curry de pommes de terre sec.

« Prends-en. C'est à la coriandre et aux graines de cumin noir *(ajwain)*. Elle étala du curry sur un *puri*, le roula et l'offrit à son amie.

— Non, merci, il est trop tôt... refusa poliment Joya, qui l'instant d'après tendait la main vers le roulé irrésistible.

— Un peu de pickle de mangue ? proposa Sita Sen. Je l'ai préparé moi-même. Et Joya, dégageant son bras des plis soyeux de son sari, tendit de nouveau la main avec empressement.

— Tu as toujours été bonne en sciences domestiques, Sita. Nous savions toutes que tu te marierais la première. Est-ce que ton mari est encore... Je veux dire, est-ce que tu es... demanda Joya à voix douce et basse, un morceau de mangue accompagnant délicatement les gestes de sa main.

— Le père de Gopal nous a quittés il y a sept ans, répondit Sita. Le cœur », ajouta-t-elle en tapotant vigoureusement son buste généreux.

Joya mâchonnait pensivement son morceau de mangue. Après avoir respecté une courte pause de circonstance, elle avala le pickle. « Le mien est parti il y a cinq ans. Le cœur et les reins... les deux », dit-elle en jetant à son amie un regard triomphant.

Gopal, qui avait préparé par-devers lui un discours poli pour lui demander d'enlever ses bagages, s'agita nerveusement sur son siège et se racla la gorge pour s'éclaircir la voix, mais déjà Joya l'observait bien en face et remarquait : « Il est un peu enveloppé, tu ne trouves pas, Sita ? »

Gopal, qui s'apprêtait à tendre la main vers un autre *puri* pour se calmer les nerfs, suspendit son geste. L'amie de sa mère fixa sur lui un regard froid. « Le cœur, c'est héréditaire. Il devrait surveiller son poids.

— Il est gros depuis qu'il est tout petit. Il pesait neuf livres à la naissance. Il avait les joues toutes rondes, toutes rebondies. On le surnommait Goulgoulou », raconta sa mère. Tous les passagers de leur compartiment et du compartiment voisin tournèrent vers Gopal un regard de crainte respectueuse. Il entendit Malati et Kajol pouffer de rire sur les couchettes supérieures où elles s'étaient perchées comme un tandem d'oiseaux de proie.

Il se détourna de la boîte à en-cas vers la fenêtre et laissa errer son regard sur le paysage en ruminant sa mauvaise humeur. Il détestait les voyages en train. Chaque fois qu'ils revenaient de leur pèlerinage annuel à Hardwar, les femmes se mettaient à se comporter d'une façon inhabituelle. Le bain dans le Gange sacré, au lieu de les purifier et de développer en elles dévotion et modestie, semblait leur avoir imparti un halo d'assurance étrange qui les faisait rire à haute voix, parler avec audace aux inconnus et manger toutes sortes de nourritures dégoûtantes, comme des mendiantes affamées. Sa mère se resservit un *puri* d'un geste vif, y tartina une épaisse couche de pommes de terre, ouvrit grande la bouche et y mordit à belles dents.

« Les femmes doivent toujours manger à la cuisine, après les hommes, disait son père. Gopal comprenait maintenant pourquoi. Comme elles sont laides quand elles mâchonnent comme des vaches, avec leurs dents toutes tachées de mangeaille », pensait-il avec irritation.

Un bruit de mastication satisfaite emplissait le compartiment où tous les passagers mangeaient sans un mot. De gigantesques boîtes à en-cas à plusieurs étages se dressaient en équilibre instable sur les valises, penchées comme autant de tours de Pise. On renversait du curry sur les banquettes, on manipulait avec fracas des boîtes en inox rutilantes et tintinnabulantes, on tirait des paniers de sous les sièges, on servait avec insistance ses voisins de *paratha*, *pakora*, *vada**, grillades végétales, *pulao*, *samosa* et autres *kachori*.

Gopal détestait partager des aliments avec des étrangers, mais sa mère, ignorant le regard d'avertissement qu'il lui lançait, interpella les passagers du compartiment voisin, où un véritable festin battait son plein, avec *pulao*, brochettes et même halva.

« S'il vous plaît, prenez-en... », dit-elle en leur tendant une boîte de sucreries. Kajol regardait les passagers de son perchoir en espérant qu'ils les inviteraient à partager leur repas. Sa grand-mère paraissait avoir lu dans ses pensées et c'était sans doute pourquoi elle avait pris les devants en leur proposant des sucreries. Maintenant, ils seraient obligés de rendre la pareille, comme le voulait le protocole ferroviaire, en leur offrant quelque chose. Elle ne se trompait pas. Un jeune garçon se leva pour passer à sa grand-mère le bol de halva d'un rouge doré appétissant qu'il tenait à la main, tout en gardant les yeux fixés sur Kajol, qui rougit et détourna le regard vers son père. Mais Gopal était occupé à froncer les sourcils, voyant le pan de sari de sa femme quitter son épaule alors qu'elle se penchait. Avant que le garçon ait pu tendre le bol à Malati, Gopal tendit la main pour l'intercepter d'un geste vif.

Il regardait autour de lui d'un air misérable. Sa femme, après avoir ingurgité six *puri* et du halva venu d'une cuisine étrangère, s'était allongée sur le côté, jambes repliées, sur la couchette supérieure et lisait en fredonnant. Sur la couverture de son livre, s'affichait un couple en train de s'embrasser. Gopal jeta un coup d'œil à sa mère en espérant qu'elle ne remarquerait rien. Mais pis, si un homme passant dans le couloir se sentait inspiré à cette vue ? Pourquoi Malati ne pouvait-elle pas couvrir de papier brun ces épouvantables romans d'amour qu'elle passait ses journées à lire ? Il aurait aussi voulu qu'elle étende un drap sur elle. La courbe en arc que formaient ses hanches et la plante très blanche de ses pieds nus étaient exposées à la vue des passants éventuels. En revanche, il était content de constater que Kajol portait des socquettes de coton blanc. Mais sa jupe aurait gagné à être un peu plus longue.

La journée passa lentement tandis que le train traversait des paysages arides et nus. Il n'y avait pas un arbre en vue ; des bovins se blottissaient les uns contre les autres pour partager l'ombre des rochers. Malati dormait comme si on l'avait droguée et quand Sita Sen tentait de la réveiller, elle marmonnait des paroles incohérentes, et se tournait sur l'autre côté.

« Très bien, pensait Gopal. Qu'elle dorme. Elle est plus en sécurité là-haut. Si elle descend, elle va recommencer à bavarder avec les voisins comme au stand de thé de la gare d'Hardwar, en donnant son nom et son adresse à de parfaits inconnus au mépris de toute prudence. Et si un beau jour ils venaient la chercher à la maison ? »

Gopal vit aussitôt surgir devant chez lui une foule d'hommes au regard avide, cheveux huilés, chaussettes rouges, cognant à la porte tandis qu'il tentait de dérober Malati à leurs ardeurs. La terreur le submergea, il ferma les yeux.

Les passagers bavardaient, jouaient aux cartes, dormaient. Des mouches bourdonnaient et s'agglutinaient sur les restes, les enfants jouaient bruyamment, des gares défilaient devant le train avec leur foule de passagers figés. Sita Sen et son amie Joya se remémoraient le temps jadis, saisissant des fils oubliés pour retisser leurs souvenirs en les enjolivant çà et là à leur guise. Kajol, que ses livres ennuyaient à mourir, descendit de sa couchette. Quand son père lui demanda où en était le travail qu'elle avait à faire pour l'école, elle y remonta, dévoilant brièvement une longueur de cuisse brune, rendant muets les deux garçons qui bavardaient dans le couloir. Gopal détourna le regard, les paupières convulsées d'horreur et de honte.

Le jour s'alanguissait. Le paysage commençait à tourner du brun au vert. Bientôt ce fut le crépuscule et le train pénétra en droite ligne une zone de rouge flamboyant. Des troupeaux de bétail marchaient le long des rails et, dans les champs, des enfants lançaient des cris aux passagers en agitant des morceaux de journaux déchirés. Tandis que l'obscurité descendait au-dehors, on ressortait les paniers de victuailles. Le serveur du train vint bientôt s'associer au tintamarre de la vaisselle en apportant de gigantesques plateaux-repas aux passagers.

Malati, réveillée, réclama son dîner, refusant toujours de descendre. « Je vois, une bru difficile... », murmura Joya. Sita Sen se contenta de faire rouler ses yeux dans leurs orbites.

Elles se mirent à discuter avec le serveur qui, à leur grand plaisir, ne manquait pas de repartie.

« Mais c'est du refroidi. Qu'est-ce que c'est que cette sauce ? On dirait de l'eau de vaisselle diluée... Vous autres, employés des chemins de fer, vous vous plaisez à rouler les pauvres femmes que nous sommes...

— Pauvre ? Une grande dame comme vous, riche, et de classe supérieure ? C'est vous qui cherchez à m'embobiner, oui ! Le pauvre, c'est moi, le vieux paysan ! »

Le badinage se poursuivait, chaque camp savourant la joute. Gopal n'y tint plus. D'un ton sévère, il enjoignit au serveur de partir. Mais celui-ci l'ignora et, avec un sourire de loup, s'inclina devant Sita, glissant en même temps un regard du côté de Malati. Gopal fouilla dans sa poche, lui donna vingt roupies et l'homme, réduit au silence par cette manifestation de générosité insolite, disparut aussitôt.

Dès que le dîner fut terminé, la plupart des passagers se préparèrent à dormir. Joya était encore occupée à manger une cuisse de poulet.

« Ne mange sous aucun prétexte le poulet qu'on sert dans le train. Ce n'est jamais du poulet, c'est du corbeau », l'avait averti son père, et Gopal se fit un plaisir de répéter ces paroles à voix haute. De l'autre côté de la cloison, il entendait les voisins ranger leurs boîtes à en-cas dans une cacophonie de récipients en inox ponctuée de rots bruyants. Quelques hommes passèrent devant leur compartiment, vêtus de pyjamas et chaussés de sandales de caoutchouc. Gopal se demandait comment ils pouvaient s'exhiber devant sa mère, sa femme et les autres dames, habillés – ou plutôt déshabillés – de la sorte. L'un d'eux avait même le cordon de son pyjama qui lui pendait entre les jambes, au grand embarras de Gopal. Il fut soulagé de constater que Kajol était absorbée dans sa lecture et que sa femme s'était replongée dans un sommeil sûr. Sa mère et son amie continuaient de manger (c'était maintenant des sucreries, d'une boîte que sa mère avait sortie de sa valise) et parlaient du bon vieux temps à Simla. Par-dessus le bruit de ferraille du train, il captait des bribes de phrases étranges... si droit... beau et blanc... ses seins ont jailli... un curry de poulet délicieux...

« De quoi diable peuvent-elles bien parler ? » se demandait Gopal avec anxiété. Ses nerfs éprouvés ne pouvant en supporter davantage, il décida d'éteindre la lumière principale. Mieux valait pour lui se plonger dans la lecture de ses comptes et se fermer à tous les sons environnants, plutôt qu'écouter ça.

« Il reste vingt heures de voyage avant d'atteindre Panagarh », pensait-il avec lassitude. Et tant de gares avec leurs stands de ravitaillement pour tenter sa mère. Jusque-là, elle s'était contentée de la nourriture qu'ils avaient apportée de chez eux, mais la boîte à en-cas était vide à présent, et elle voudrait sûrement s'approvisionner sur les quais.

Le train traversait à vive allure de vastes étendues vides, et maintenant l'obscurité à l'extérieur était complète. Gopal accompagna aux w.-c. sa mère, sa femme, sa fille, puis l'amie de sa mère, l'une après l'autre, montant chaque fois la garde devant la porte avec l'air renfrogné d'un chien méchant. Des hommes à l'air bizarre, que Gopal soupçonnait souvent d'avoir bu, se regroupaient toujours la nuit devant les toilettes pour jouer aux cartes. Une fois les femmes couchées à l'abri, rideaux tirés, Gopal s'étendit tout habillé sur sa couchette, dans le compartiment voisin. Il souffrait d'un mal de tête sourd et lancinant. Il regrettait d'avoir laissé sa couchette à l'amie de sa mère, tout en pensant qu'il était peut-être plus sûr que les femmes soient regroupées, bien qu'il eût préféré les garder dans son champ de vision. Il espérait avec ferveur qu'elles n'iraient pas aux toilettes pendant la nuit.

Le clair de lune traversant les fenêtres à barreaux tombait en oblique sur les silhouettes endormies, les changeant en statues de pierre sans vie. Le dormeur au-dessus de lui ronflait légèrement et chaque fois qu'il se retournait, Gopal surveillait la couchette grinçante avec inquiétude. Le système d'accrochage était en acier solide, il le savait, mais combien pesait l'homme couché là-haut? Il souleva la tête pour regarder la nuit noire et, tandis que le train traversait l'obscurité à vive allure, les voyages qu'il avait faits enfant avec ses parents lui revinrent en mémoire.

Son père inspectait le compartiment pour vérifier qu'il ne s'y cachait pas de mendiant errant, puis prenait position dehors, devant la porte du compartiment et défendait son territoire avec bravoure comme un vaillant soldat. Sa mère s'affairait toujours autour de paquets de victuailles, les déballant dès l'instant où ils s'asseyaient, et ordonnait au domestique de servir le thé avant même le départ du train. Parfois, pour de longs trajets, elle apportait son minuscule réchaud et cuisinait dans le train. Le domestique hachait les légumes et Gopal se rappelait comment le couteau déviait quand le train accélérait, et les morceaux de carottes et de pommes de terre qui tombaient de l'assiette pour aller rouler dans les coins sombres, sous les banquettes.

Un jour, sa mère avait fait descendre leur serviteur sur le quai d'une petite gare pour acheter quelques légumes et, de sa place près de la fenêtre, avait entamé un marchandage serré avec le vendeur. Le train s'était soudain ébranlé et Gopal n'avait jamais oublié le visage du domestique, figé dans une terreur incrédule à la vue du train qui s'éloignait en prenant de la vitesse, le laissant seul sur le quai vide. On l'avait retrouvé, de toute évidence, puisqu'il était retourné travailler chez ses parents, où il avait régenté la vie de Gopal, jusqu'à ce que, enfin, il meure de vieillesse. Gopal ne se rappelait pas comment son père avait fait pour le récupérer, mais le sentiment de complète impuissance qu'il avait éprouvé tandis que le train les emportait et que la silhouette du domestique s'amenuisait jusqu'à se réduire à un point gardait encore une actualité et une intensité de cauchemar.

Bercé par le balancement du train, Gopal finit par s'endormir. Il se réveilla en sursaut en entendant sa mère tousser dans le compartiment voisin. L'aube se levait sur des rizières d'un vert luxuriant. Des femmes chargées de pots en cuivre marchaient à travers champs et une rangée d'enfants, assis les fesses à l'air le long des rails, leur faisaient des signes joyeux.

« Il ne faut pas que Kajol les voie ! » pensa Gopal avec un sursaut d'effroi qui le propulsa dans le compartiment voisin. Mais les femmes étaient encore endormies, à l'abri de tout risque, le visage couvert par leur sari. « Comme elles sont belles, se disait-il en les regardant, debout près de la porte. On dirait des déesses de marbre... si calmes, si pures. Personne ne pourrait les toucher, rien ne pourrait les blesser si seulement elles restaient figées dans cet état. »

Le train s'arrêta soudain dans un hoquet, et sa femme ouvrit les yeux.

« On peut avoir du thé ? Quelle gare est-ce ? demanda-t-elle en bâillant. Le pan de son sari avait glissé de son épaule et, lorsqu'elle s'étira, bras en l'air, Gopal vit ses seins se soulever.

— Rendors-toi, dit-il en hâte. Je commanderai du thé quand le serveur passera. Tiens, couvre-toi.

Tu pourrais attraper froid, ajouta-t-il en se hissant sur la pointe des pieds pour jeter le drap sur elle.

— Allez acheter du thé sur le quai, je vois un vendeur, intervint Joya en regardant à travers les barreaux, il a aussi des *pakora*.

— De quelle sorte ? demanda sa mère en se dressant vivement sur son séant. Kajol commençait elle aussi à s'animer.

— Chou-fleur, épinard, oignon, et aubergine, je crois. Il est juste en train de les faire frire. »

Gopal fit la sourde oreille et s'éloigna, mais derrière son dos, il entendit sa mère appeler le vendeur d'une voix forte. Bientôt il y eut un attroupement de colporteurs massés devant leurs fenêtres. *Pakora* croustillants, *jalebi** tout chauds, thé fumant, servi dans des petites tasses en terre, furent glissés entre les barreaux et les femmes se mirent à manger avec gourmandise.

« Tu ne te laves pas au moins le visage avant ? Kajol, va te brosser les dents. Ma, et tes prières, et ta pilule contre la tension ? demandait Gopal. Mais elles semblaient souffrir de surdité subite. Sita Sen hébergeait sur ses genoux les petites assiettes de feuilles de bananier et les passait une à une à Malati, à Kajol et à son amie Joya.

— En voyage, on n'est pas tenu de suivre les mêmes règles qu'à la maison. De toute façon, Dieu n'aime pas que je prie dans le train. Tout ce mouvement et ces cahots l'étourdissent, et moi aussi. Et puis, on pourrait passer à tout moment devant un village de basses castes, ou pis, devant un champ de crémation ou un cimetière. Prends un *pakora*, mon fils. Cela te fera du bien. Tu sais que tu es toujours constipé en voyage », dit-elle en soulevant un beignet au chou-fleur huileux.

Gopal refusa. Il se rassit à sa place et rassembla les objets nécessaires pour se raser. Il y avait déjà la queue devant les toilettes et il regrettait que les femmes ne s'y soient pas rendues au petit matin, quand il faisait encore sombre, comme les autres femmes du train. Maintenant ces hommes douteux les suivraient du regard lorsqu'elles sortiraient du cabinet de toilette, cheveux défaits, boutons supérieurs du corsage dégrafés, visage mouillé.

« Comme la vie est dangereuse dès qu'on quitte les quatre murs de chez soi », pensa-t-il en soupirant.

Il attendit que les toilettes se libèrent. Il entendait derrière lui des hommes se racler vigoureusement la gorge et expectorer par la fenêtre. Son tour arriva enfin et il entra en hâte, comme pour échapper à une foule hostile. L'eau qui jaillit du robinet était glaciale et brunâtre, mais il s'en aspergea le visage avec joie. Tout en la laissant couler sur sa tête, il se sentit devenir beaucoup plus calme et se mit à chantonner d'une voix douce et hésitante.

A son retour, il fut surpris de trouver les femmes toutes propres et nettes. La lumière du soleil qui inondait à présent le compartiment semblait les avoir polies, leur avoir donné un aspect nouveau. Malati était descendue de sa couchette et tricotait, assise, son visage lavé de frais resplendissant, les cheveux attachés soigneusement dans le dos, *bindi*

* rouge au milieu du front. Kajol était vêtue convenablement d'une longue chemise à manches tombant jusqu'aux poignets. Sa mère, qui s'était elle aussi changée, avait revêtu un sari blanc tout propre et lisait le journal. Joya, l'amie, s'était volatilisée. Gopal ne posa pas de question à son sujet de peur qu'elle ne se matérialise subitement.

« Peut-être qu'elle est descendue sur le quai acheter à manger une fois de plus et que le train est parti sans elle. » A cette pensée, Gopal se sentit beaucoup mieux. Pourquoi aurait-il dû s'inquiéter des femmes qui voyageaient seules ? Il avait assez de soucis comme cela avec celles de sa famille.

Mais à présent la situation semblait maîtrisée et plus rassurante. Les femmes étaient assises calmement, gentiment, étincelantes de propreté. Tout allait bien à présent. Elles allaient arriver chez eux saines et sauves. Elles n'avaient pas été kidnappées, violées ni violentées. Elles étaient allées aux toilettes et en étaient revenues sans problème. Sa mère n'avait pas disparu en cours de route dans une gare. Sa fille n'avait pas été accostée par des bandits, aucun inconnu n'avait adressé la parole à Malati depuis vingt et une heures et le train était à l'heure.

Le cœur de Gopal débordait de joie en voyant se rapprocher le paysage familier des champs qui bordaient sa ville natale. Bientôt ils arriveraient en gare de Panagarh. Sa voiture, rideaux tirés devant les quatre fenêtres, et son vieux chauffeur dévoué les attendraient pour les emmener à la maison. Ils pourraient entrer et refermer la porte sur eux. Le voyage terminé, il n'aurait plus rien à redouter, jusqu'à l'année suivante, quand les femmes, sortant de la maison, quitteraient de nouveau le cocon protecteur dont il les entourait.

POMMES DE TERRE À LA POUDRE DE MANGUE SÉCHÉE
(AMCHÛR ALU *)

250 g de pommes de terre
1 cuillère à café de poudre de piment
1 cuillère à café de poudre de coriandre
1 1/2 cuillère à café de poudre de curcuma
1 cuillère à café de *ghî* ou d'huile
sel à volonté
1 cuillère à café de poudre de mangue séchée
1/2 cuillère à café de graines de carvi

Faites bouillir les pommes de terre et coupez-les en petits dés. Faites chauffer le *ghî* ou l'huile et frire brièvement les graines de carvi, puis les épices en poudre. Jetez les pommes de terre dans la poêle, remuez et ajoutez une tasse d'eau. Laissez mijoter à feu doux et servez chaud avec des *puri*.

Folie de champignons

La pluie s'égouttait des branches du *deodar* *, formant une flaque aux pieds de Nath. Il s'enfonça sous l'épaisseur de l'arbre, mais l'averse l'y poursuivit, lui trempant la tête et le dos.

« Avec ça, je vais attraper la fièvre et j'en mourrai. Comme ça, ils seront heureux. Ils vivront chez moi tous les deux, ils coucheront dans mon lit », pensa-t-il en tirant une longue bouffée de son *bidi*. Un accès d'attendrissement sur son sort le submergea et il se sentit soudain beaucoup mieux. Il regarda en l'air. Le ciel s'éclaircissait peu à peu. Il ne restait plus, dans un coin, que quelques nuages gris-blanc. Le rideau de pluie s'éloignait de l'autre côté de la montagne. Au sommet de la colline, un pâle soleil rose effleurait le faîte des arbres. Nath glissa précautionneusement le *bidi* à moitié fumé derrière son oreille et attaqua la pente du chemin. La pluie avait rendu les pierres glissantes comme du verre. Il lui fallait marcher lentement, à pas plus courts que d'ordinaire.

« J'arriverai à la maison en retard, sans rien dans mon sac, tout juste quelques prunes. Lui, il a dû partir de l'autre côté de la forêt, et avec la chance qui le caractérise, il aura sûrement trouvé des champignons noirs, soupira Nath. Ils seront ensemble dans la cuisine. Chinta les fera frire dans l'huile de sésame, puis elle les mangera un par un, pendant qu'il la regardera faire. » Nath sentait dans sa bouche la texture glissante et spongieuse des champignons frits. Il prit son *bidi* et le ralluma. Le goût du tabac se mélangeait à celui des champignons, tandis qu'il exhalait des nuages de fumée, debout, suivant des yeux la traînée bleuâtre qui disparaissait parmi les branches. Il pouvait y deviner vaguement la forme du visage de Chinta, ses yeux, ses sourcils épais et son nez, rien de plus. Elle le suivait partout, mais toujours par fragments. Parfois, c'était son visage qui l'épiait entre les arbres ; parfois ses bras, tendus vers lui, parés des bracelets de verroterie qu'elle préférait, les verts. Un jour qu'il était parti labourer, il avait rencontré ses pieds, juste ses pieds, chaussés des sandales de plastique rouge qu'il lui avait achetées à la foire de Renuka. Ils l'avaient suivi un moment, flip-flap, dans la boue liquide, avant de disparaître. Nath se demandait pourquoi Chinta le tourmentait, morceau par morceau, de cette façon. Si elle avait été morte, il aurait compris car alors son fantôme aurait pu flotter çà et là, en plusieurs parties. Mais Chinta était vivante, bien vivante. C'était même la personne la plus vivante de toutes celles qu'il connaissait. Elle chantait plus fort, marchait plus vite, parlait, riait et mangeait plus abondamment que n'importe quelle autre femme. Aux réunions de village, elle brillait comme un cygne d'or céleste au milieu de moineaux grisâtres.

Nath l'avait rencontrée au repas de funérailles de sa tante, dans son village, de l'autre côté de la vallée. C'était une jeune fille de seize ans, dodue et rutilante de santé comme une vache pleine. Ses hanches larges, fermes, et ses seins promettaient une abondance de fils. Elle était en âge d'être mariée et pourtant, s'étonnait Nath, personne ne s'était encore proposé à ses parents.

« Avec ses sourcils rapprochés, elle portera la querelle partout où elle ira », lui dit un ancien du village en la voyant passer, une assiette de *laddu* aux pois chiches à la main. Nath la suivit des yeux jusqu'au fond de la cour et la vit effriter subrepticement un *laddu* dans sa bouche avant de déposer l'assiette par terre. En se retournant, elle croisa son regard étonné. Mais au lieu d'arborer l'air contrit d'une coupable prise en flagrant délit, elle lui offrit de loin, en gloussant de rire, un *laddu* caché jusqu'alors au creux de sa paume humide de sueur et de sucre.

On les maria dès le premier jour favorable, car le père de Chinta redoutait que Nath ne changeât d'avis.

« Heureusement, son père et sa mère sont morts, et on peut faire taire ses oncles avec une bouteille ou deux de vin de riz. Mais j'ai peur qu'un parent quelconque n'intervienne pour faire tout annuler et nous laisser avec cette fille sur les bras toute notre vie. A son tour de la nourrir », avait-il dit à la mère de Chinta qui lui reprochait sa hâte incongrue.

Nath emmena Chinta dans son village, à un jour de marche de là, par l'étroit sentier planté d'arbres qui longeait la pente jusqu'à l'autre côté de la colline. Tout au long du chemin, elle chanta d'une voix forte et éraillée, rit et bondit par-dessus les ruisseaux, se comportant comme une fillette insouciante au lieu de marcher tranquillement, à cinq pas au moins derrière lui, comme il sied à une nouvelle épousée.

« Tu te perdrais si je te laissais marcher devant. Je connais le chemin mieux que toi », disait-elle quand Nath essayait de la dépasser. Les femmes du village l'interpellèrent : « Tu t'es attrapé un coq, ce n'est pas trop tôt ! Attention à ne pas le dévorer ! » Chinta répondit par un rire et, se retournant vers elles, cracha les graines de mûres qu'elle n'avait cessé de manger depuis leur départ. Lorsqu'ils s'arrêtèrent pour boire de l'eau à une source, elle lui fourra une poignée de mûres dans la bouche, et le jus qui s'en écoula vint tacher d'une traînée pourpre ses vêtements neufs de marié.

Il aurait dû se faire respecter dès ce jour-là, dès le premier. Se montrer ferme, ou la battre. Maintenant, tout était perdu. Il était l'esclave de ses moindres caprices. Esclaves, ils l'étaient tous deux, Nath et Mohan. Les gens du village riaient et se raillaient d'eux en les voyant s'arracher, pour les porter, les ballots d'herbe qu'elle venait de couper, faire la course pour aller lui chercher de l'eau, se battre pour labourer ses champs ou pour lui faire des cadeaux. Nath lui avait donné toute la terre qu'il possédait, mais Mohan lui avait construit une nouvelle maison, avec des piliers de bois gravés.

Trois ans s'étaient écoulés depuis le jour où Mohan était entré chez eux demander une bouteille d'huile pour sa lampe, mais Nath s'en souvenait comme si c'était la veille.

« Tu es le neveu de tante Kanta, de Rajgarh, non ? », avait-il demandé avant de lui donner, non seulement l'huile qu'il demandait, mais une boîte d'allumettes neuves et un *bidi*. Comment aurait-il pu alors savoir qu'il introduisait un serpent chez lui ? Pire qu'un serpent, d'ailleurs, parce que cet homme-là ne rampait pas vers la sortie après avoir mordu.

Mari de Chinta lui aussi, Mohan vivait maintenant avec eux. Nath devait la partager avec lui, comme le font les épouses d'un chef de village polygame. Mais les femmes avaient l'habitude, on pouvait même dire qu'elles aimaient la compagnie de leurs semblables, alors que pour un homme, c'était une torture. Les sourcils rapprochés de Chinta avaient apporté la querelle, comme l'avait prévu le vieil homme. Ses seins l'avaient induit en erreur avec leurs fausses promesses – elle ne lui avait toujours pas donné de fils. Peut-être était-ce Dieu, dans sa sagesse, qui en avait voulu ainsi, car comment auraient-ils pu savoir de qui était l'enfant ? Pourtant, il l'aimait plus que jamais. A vrai dire, il aimait tout en elle. Ses étranges exigences alimentaires, son caractère emporté, ses façons nonchalantes l'avaient rempli de joie, jusqu'à l'arrivée de cet homme, qui l'avait divisée en deux.

Nath n'adressait plus que rarement la parole à Mohan, mais au début ils s'étaient battus tous les soirs, chaque fois que Chinta s'apprêtait à se coucher. Comme des coqs de combat à la foire du village, ils tournaient l'un autour de l'autre, poings serrés, et un jour Mohan lui avait égratigné le visage avec un peigne à poux. Mais depuis qu'elle avait saisi un tison aux foyers de la cuisine pour les chasser au cours d'une de leurs querelles, ils s'évitaient.

Nath essayait chaque nuit de se rassurer : « Elle se lassera de lui, ce n'est qu'un balourd, un débile. Ils ne se sont même pas mariés dans les règles, il n'a rien payé à son père pour l'épouser. » En tant que premier époux, il avait le droit de partager le lit de Chinta, mais souvent, quand il se réveillait, il la trouvait dans la pièce de Mohan, un grenier au-dessus de la cuisine.

Cette nuit encore elle y serait, car Mohan avait sûrement rapporté les champignons noirs dont elle était si friande. Frondes de fougères fraîches, légumes hors saison, fruits rares de la plaine, champignons noirs, fleurs de rhododendron, mûres, étaient quelques-unes des nourritures favorites de Chinta. Elle ne mangeait que ces denrées rares, tandis que les autres femmes du village se contentaient de lentilles et de cinq galettes épaisses avec un morceau de beurre blanc frais. On aurait dit une déesse de la forêt dont la colère allait retomber sur eux s'ils ne la pacifiaient pas avec des offrandes choisies.

« Si encore elle était enceinte, on lui pardonnerait toutes ces bêtises, avait dit un jour une vieille femme à Nath en le trouvant à la recherche de mûres dans la forêt. Mais elle est stérile comme le roc. Sinon, avec deux hommes dans son lit tous les jours, elle aurait déjà produit un rejeton. Et elle s'était écriée : Donne-lui une bonne raclée au lieu de mûres, imbécile ! », avant de se mettre à lui jeter des pierres. Nath avait lâché les mûres et dévalé la colline.

Toute la semaine précédente, Mohan avait eu plus de chance que lui. Il avait trouvé dans la forêt une source cachée de champignons noirs, et il en rapportait à Chinta chaque soir. Si seulement lui aussi pouvait découvrir quelque chose de rare, quelque chose à quoi elle n'avait encore jamais goûté et qui lui plairait tant qu'elle se précipiterait dans ses bras la nuit venue.

Nath jeta son *bidi* et soupira. Il joignit les mains et leva son regard vers le ciel comme s'il attendait des dieux une réponse immédiate. Un pic-vert à dos doré traversa l'espace avec un cri perçant et se posa sur un *deodar* dont il se mit à frapper l'écorce à coups de bec. Soudain, comme le son se répercutait à travers la forêt, il y eut une bourrasque de plumes, et Nath vit un faisan sortir en courant d'une touffe de fougères. D'un bond rapide, il le saisit, puis, surpris par son adresse, il le regarda avec une sorte de crainte mêlée de respect. Il sentait le cœur de l'oiseau palpiter contre sa paume. Quand il le relâcha, le faisan décampa vers la vallée avec un petit gloussement. C'est alors que Nath vit la couvée sous les fougères. Sept œufs, lisses, blanc ivoire, disposés en cercle sur un lit de brindilles et de cailloux. Soudain, le visage de Chinta surgit au-dessus du sien, ses bras s'avancèrent vers lui jusqu'à le toucher, ses doigts dansèrent sur ses joues. Nath avait le cœur battant lorsqu'il se pencha pour ramasser les œufs tout en murmurant sa gratitude aux dieux qui l'avaient exaucé. Il se rappelait la dernière fois qu'il avait découvert des œufs de caille, plusieurs années auparavant. Deux seulement, mais comme elle avait été contente ! Elle les lui avait pris des mains gentiment, en avait brisé un d'un petit coup contre la meule à épices et, renversant la tête, avait gobé tout cru le jaune. Puis, elle avait enrobé l'œuf intact de glaise humide et l'avait placé tout près des braises du fourneau.

« Il va cuire dans la cendre, et demain matin, j'y ajouterai des noix, du sucre de palme et de la gomme écrasée. Il m'apportera un fils », lui avait-elle dit en le regardant. La lumière du foyer illuminait son visage, dansait sur son cou, sur ses joues, et Nath avait su qu'elle dormirait avec lui cette nuit-là.

Les gouttes de pluie ruisselèrent des fougères sur ses mains quand il se baissa. Il ramassa les sept œufs dans son bonnet et les plaça dans sa chemise. Il sentait leur chaleur contre sa poitrine, et se rappela les pulsations du cœur du faisan contre sa paume. L'oiseau avait disparu, mais on l'entendait glousser faiblement dans le lointain. Nath sortit quatre œufs de son bonnet et les reposa dans le nid. Puis, les trois autres bien calés contre lui, il entama sa descente, cette fois par le chemin plus long que prenait le bétail, de peur de casser les œufs.

« Mohan peut bien arriver avant moi. Aujourd'hui, j'ai trouvé un trésor. Il n'aura pas pu rapporter mieux », se disait Nath en riant aux éclats.

Les pantoufles de Chinta étaient devant la porte de la cuisine, mais la pièce était vide. Elle n'était pas partie aux champs puisque son châle était là, par terre, et la faucille aussi. Tandis qu'il la cherchait à travers la maison, Nath sentit une terreur froide lui inonder le cœur, noyant toute joie. Elle était partie avec Mohan. Il avait toujours su qu'elle le quitterait un jour. Il avait vécu dans cette peur chaque nuit, dès qu'il l'entendait le rejoindre au grenier. Nath regarda à l'étage avec une haine rageuse… et la vit couchée par terre.

« Il est parti. Il est parti ! hurlait Chinta en martelant le sol de ses mains comme pour briser ses bracelets à la façon des veuves. Je savais qu'il me quitterait un jour, mais si tôt… Qu'est-ce qu'il croit pouvoir trouver à Haripurdhar ? Du roc et de la neige, c'est tout ce qu'il y a là-bas ! Je veux mourir… » conclut-elle dans un murmure, tendant les bras vers Mohan à l'aveugle. Ou était-ce vers lui ?

Folie de champignons

Elle le regarda avec indifférence sortir les œufs de son bonnet puis se tourna vers le mur en sanglotant à petits coups. Au soir, elle se calma un peu et mangea les œufs de faisan, non pas crus cette fois, mais bouillis dans de l'eau salée. De ce jour, elle absorba tout ce qu'il lui rapportait, sans joie ni gourmandise. Bientôt, elle se mit à avaler les mêmes galettes épaisses que les autres femmes, puis, seulement la bouillie de riz qu'elle avait détestée, et Nath sut que la blessure ne se refermerait jamais.

Dans la cabane à présent très silencieuse, le grenier sombre avait été envahi par les araignées noires, comme si personne n'y avait jamais dormi. Nath regrettait Mohan. Il avait besoin de sa jalousie. Maintenant qu'ils ne voyaient plus que lui, les yeux de Chinta étaient ternes et boueux. Bientôt, elle se mit à ressembler aux femmes du village, et même, au fil des jours, à paraître plus insignifiante et plus vieille qu'elles, parce que, contrairement aux autres, elle n'avait pas d'enfant. Comme elle passait tout son temps aux champs, sa peau devint aussi rugueuse que l'écorce des vieux arbres. Nath ne pouvait plus la toucher. Elle dormait au grenier, en compagnie des araignées.

Parfois, quand la lune glissait ses rayons sous la porte, Nath pensait à Mohan. Haripurdhar n'était pas loin, à deux jours de marche seulement du village. Peut-être iraient-ils cet été, quand les sentiers de forêt seraient secs. En route, ils ramasseraient des champignons pour lui.

FRITURE DE CHAMPIGNONS ET DE LENTILLES GERMÉES

1 tasse de champignons
1 tasse d'oignons frais avec leurs tiges, hachés
2 tasses de lentilles germées
2 tomates
1 cuillère à café d'huile
1/2 cuillère à café de graines de cumin

Faites chauffer l'huile et mettez à frire le cumin. Ajoutez les oignons hachés, sans laisser brunir, puis ajoutez les lentilles germées, les tomates et les champignons. Faites frire légèrement et servez chaud. A ce plat, rapide à préparer, on peut ajouter toutes sortes d'autres légumes, carottes râpées, chou, pommes de terre bouillies, ainsi que du *cottage cheese (panîr)*.

Les affres sans fin de la faim

De son lit, Sumitra apercevait quelques fragments de ciel. Il faisait sombre et une demi-lune encore fine brillait avec malice comme le bord d'un couteau qu'on vient d'affûter. Plus elle la regardait, plus elle s'amincissait. Quand Sumitra fermait un œil, elle se contorsionnait jusqu'à se transformer en serpent d'argent. Elle détestait cet astre qui se pavanait sans vergogne dans tout l'espace du ciel, s'amusait à ses dépens, lui rendait la vie misérable. Son jeûne ne prendrait fin qu'au jour où le demi-cercle se serait changé en lune pleine et rayonnante, dans un avenir qui lui paraissait si lointain qu'elle n'arrivait même pas à y penser. A ce moment, son seul désir était que la lune quitte le ciel et fasse place à la lumière du jour. Elle pourrait alors absorber une tasse de thé, avec du lait et trois cuillerées de sucre.

Depuis un an Sumitra, devenue veuve, respectait tous les jeûnes que sa belle-mère lui avait prescrits. Pourtant, elle souffrait toujours cruellement de la faim. Son estomac lui faisait mal, un goût métallique étrange lui emplissait la bouche. Le lundi, elle pouvait absorber du lait et des fruits. Ce n'était pas le jeûne le plus difficile. Celui du mardi lui coûtait plus car belle-maman voulait qu'elle-même et sa belle-fille se réveillent à quatre heures du matin ce jour-là afin de prier pour leurs maris défunts. Comme Rammohan, eût-il été en vie, aurait détesté leurs psalmodies discordantes, lui qui ne se levait jamais avant neuf heures ! Le plus léger claquement de sandales sur le sol le dérangeait dans son sommeil et, de son vivant, elle avait dû se déplacer dans la maison pieds nus, sur la pointe des orteils, chaque jour avant son réveil.

« Peut-être qu'il se met toujours en colère, où qu'il soit. Peut-être dérange-t-on son sommeil éternel, pensait Sumitra en regardant la lune. Allez, murmura-t-elle, va-t'en, laisse venir l'aube, que je puisse boire mon thé. »

Mais la lune restait à la même place au bord du ciel. Lasse, Sumitra ferma les yeux.

La lune, en croissant et décroissant, nous indique quand jeûner. Elle protège la vertu des veuves et garde en paix les âmes de nos époux défunts, seulement s'ils sont au paradis, bien sûr, avait énoncé belle-maman une semaine après le décès du mari de Sumitra. La lune est notre rédempteur, qu'il faut prier pour lui demander de nous aider à supporter notre veuvage. Jeûne, Sumitra, jeûne quand la lune te le commande. Ton corps ne doit pas être chaud et bien enveloppé, sentant la nourriture riche, l'oignon et l'ail. Tu n'es pas encore vieille comme je le suis, sinon cela t'aurait été plus facile, mais efforce-toi d'être pâle et diaphane comme si le sang s'était retiré de tes veines. Et elle montrait à Sumitra ses bras graciles et exsangues. C'est moins risqué... aucun homme ne posera les yeux sur toi, ajouta-t-elle à la surprise de Sumitra qui ne se rappelait pas avoir jamais été regardée par un homme, fût-ce feu son époux Rammohan. Mais elle s'était mise à jeûner comme le commandait la lune, et ne mangeait que des fruits le lundi et le mardi. Pourtant elle restait dodue et son visage au teint chaud irradiait la santé.

Sumitra tira les rideaux et se rallongea. Son estomac grondait doucement, comme un tigre vaguement irrité.

« Plus que deux heures et je pourrai boire mon thé. Dans quatre heures, j'aurai droit à un verre de lait, et six heures après, à un morceau de pomme. »

Pour Sumitra, ce jeûne du jour très faste d'*Eka-dashi** était le plus difficile parce qu'il signifiait qu'elle ne pourrait même pas avaler un verre d'eau pendant vingt-quatre heures. Elle n'arrivait pas à comprendre pourquoi, au lieu de s'habituer au régime draconien du jeûne et de manger de moins en moins, son corps avait réagi par le défi et la rébellion. Il avait faim de nourritures qu'elle n'avait jamais goûtées auparavant, même étant enfant. Le mois précédent, pendant les jeûnes du lundi, elle avait rêvé de *choley** *panîr tikka**, une recette de pois chiches au fromage cuits au barbecue, de boulettes de légumes frites au yaourt *(dahi*

* *kachori*), et même de poulet tandûri, dont elle n'avait jamais mangé.

Elle ferma les yeux et, essayant de prier, entonna d'une voix basse et brisée : « Fais de moi ta servante, ô Krishna ! Fais de moi ton esclave ». Soudain, un sandwich à la confiture qu'elle avait mangé dans sa lointaine enfance surgit à sa mémoire. Sa consistance collante et son goût sucré lui emplirent la bouche. Elle sentait le contact du beurre fondu et chaud et de la confiture cramoisie sur ses lèvres. Elle se mit à chanter plus fort – « Fais de moi ton esclave... » – tandis que son estomac émettait une faible protestation avant de se stabiliser peu à peu dans un état de douleur vague. Cependant la lune s'attardait dans le ciel. « Va-t'en, répugnante créature, va-t'en ! » A peine avait-elle juré qu'elle joignit les mains pour demander pardon, et se remit à chanter en criant presque : « Fais de moi ton esclave... fais de moi ta servante », jusqu'à la venue du sommeil.

Elle rêva de nouveau de *choley*. Cette fois, Rammohan mangeait en même temps qu'elle et lui demandait d'aller chercher un peu de sauce. Elle s'éveilla en sursaut. La lune avait enfin disparu. Les moineaux babillaient près de la fenêtre. Elle se rua dans l'escalier pour descendre à la cuisine boire son thé. Raghu, le jeune domestique, dormait encore. Elle allait pouvoir ajouter autant de sucre qu'elle voulait sans que belle-maman l'apprenne. Le thé laiteux et sucré à souhait lui procura un tel délice que la tête lui tourna un moment. Elle ferma les yeux pour mieux sentir le liquide chaud descendre le long de sa gorge dans une caresse lénifiante.

« Sumitra, tu as pris ton bain ? La voix de belle-maman la fit sursauter, tant elle était stridente.

— Je pensais boire mon thé d'abord... et ensuite... bégaya-t-elle, serrant bien fort sa tasse, comme si elle redoutait que belle-maman la lui arrache des mains.

— On doit se baigner et se laver les cheveux avant de rompre un jeûne, tu sais bien. Pourquoi dois-je te le répéter chaque fois ? Va vite, dit-elle en lui montrant la porte, sinon, le fruit du jeûne sera nul. Quand on ne respecte pas les règles, on n'acquiert aucun mérite », ajouta-t-elle en avalant une gorgée de thé avec une moue de dégoût comme chaque fois qu'elle absorbait quelque chose. « Cendre et poussière... un goût de cendre et de poussière m'emplit la bouche... » marmonnait-elle souvent avant de vider tranquillement une assiette de confiseries. Pourtant elle restait pâle, maigre et vieille, comme il est de mise pour une veuve, pensait Sumitra avec amertume.

Du *choley* et un *samosa* écrasé. C'était ce que Rammohan lui avait donné dans son rêve. Sumitra en avait mangé une fois dans la rue en revenant de l'école et son père l'avait punie en l'enfermant dans la salle de bains pendant deux heures. Quand sa mère avait protesté, il s'était exclamé : « Je vais donner à cette gloutonne une leçon qu'elle n'oubliera jamais ! » Et elle n'avait jamais oublié le goût des *samosa* croustillants baignant dans la sauce aux pois chiches épaisse et brune. Dans son rêve, celle-ci était recouverte de tranches d'oignon cru que Rammohan prenait une à une entre ses doigts pour les lui déposer dans la bouche. L'intensité de cette image pourtant irréelle la bouleversait. Son défunt mari voulait-il lui signifier quelque chose ? De son vivant, ils n'avaient jamais mangé ainsi ensemble.

« Les gens doivent changer, une fois morts. Après tout, c'est un autre monde, avec tous ces nouveaux visages », pensait Sumitra en remplissant un seau d'eau pour se doucher. Le thé avait légèrement atténué les crampes de faim, mais elle se sentait la tête bizarrement légère. Elle avait à présent cinquante ans. S'il lui restait vingt ans à vivre, il lui faudrait jeûner encore environ deux mille jours, à chaque lune croissante et décroissante, plus d'innombrables lundis et mardis.

« Je ferais peut-être mieux de compter les jours où elle et moi pouvons manger et établir une liste de tous les repas qui me restent. »

Brusquement une idée fondit sur elle avec une telle force qu'elle dut prendre appui sur le robinet pour ne pas tomber. L'eau qui ruisselait sur son visage s'écoulait en ruisseaux le long de son buste.

« Aujourd'hui, je vais manger du *choley*. Quand tout le monde fera la sieste après déjeuner, je demanderai à Raghu d'aller m'en acheter une part à la boutique du coin. C'est cela que Rammohan essayait de me dire la nuit dernière, j'en suis sûre. Il veut que je mange des pois chiches. Avec des *samosa*, en fait, et peut-être aussi de l'oignon. C'est bien ce qu'il me dit. Il me le donne de ses propres mains, c'est un présent qu'il m'adresse du paradis ! » Un rire léger dans la voix, Sumitra se remit à chanter : « Fais de moi ton esclave, Krishna, fais de moi ta servante », tout en se versant de l'eau sur le corps.

La matinée passa vite. Sumitra aida sa belle-mère aux tâches domestiques. Elles trièrent le linge, marchandèrent avec le blanchisseur, firent le ménage de la pièce de prière, baignèrent et nourrirent les idoles, puis mangèrent leur frugal repas de lait et de fruits. Pendant tout ce temps, Sumitra pensait à l'assiette de *choley* qu'elle tiendrait bientôt entre ses mains. Elle épousseta l'énorme cadre qui entourait la photo de son défunt mari, y accrocha une guirlande de soucis et un bâtonnet d'encens, qu'elle alluma.

« Comme il était bienveillant et généreux, et comme il l'est encore, si j'en crois la nuit dernière », pensait-elle. Elle fouillait consciencieusement sa mémoire à la recherche d'une attention gentille de son mari à son égard, mais seules lui revenaient les formules toutes faites qu'il avait tant aimé lui répéter jour après jour, à intervalles réguliers, pendant toute la durée de leur vie conjugale. Au petit déjeuner, il disait « ne pas gâcher, c'est ne pas manquer », quand elle lui passait son toast. « Mieux vaut tard que jamais » accompagnait le thé de onze heures, et à deux heures, sitôt le repas terminé, c'était l'adage « sieste après déjeuner, marche après dîner », qu'il répétait le soir avant de se coucher, bien que Sumitra ne l'ait jamais vu partir faire un tour, pas même celui du jardin.

Enfin, belle-maman se retira dans sa chambre pour s'allonger. On ferma les volets, l'obscurité se fit dans la maison et chacun se prépara pour la sieste. Dans la cuisine, Raghu dormait près de la porte, serrant contre lui un cabas en tissu. Sumitra le secoua doucement.

« Non... hein... quoi ? s'écria-t-il, s'éveillant en sursaut d'un profond sommeil.

— Chut ! Ne fais pas de bruit. Ecoute, tu vas te rendre à la boutique du *halvai* pour acheter une part de *choley*... de *choley* avec deux *samosa*, débita Sumitra sans regarder le visage stupéfait du garçon.

— Mais vous... et votre belle-maman... » bégaya-t-il en se frottant les yeux.

Sumitra eut une envie de le gifler qu'elle remplaça par un sourire et lui glissa un billet de dix roupies dans la main.

« Va vite. Achète-toi une glace avec la monnaie si tu veux. Vérifie que les *samosa* et les pois chiches sont frais, dit-elle. "Sans oignons", allait-elle ajouter, avant de se reprendre. Laissons Rammohan en décider. S'il y a des oignons avec, c'est qu'il l'aura voulu », pensa-t-elle. Raghu lui jeta un regard étrange et sortit dans la chaleur de l'après-midi.

La maison était silencieuse, à l'exception du son de gouttes d'eau tombant du robinet de la cuisine. Sumitra sortit s'asseoir sur les marches de la véranda. Dès que Raghu reviendrait, elle emporterait l'assiette dans sa chambre à l'étage. Elle fermerait la porte à clé et s'assiérait sur le lit. Ou peut-être plutôt sur la chaise, à côté de la photo de son mari. Il aurait plaisir à voir qu'elle avait répondu à ses souhaits. Elle mangerait très lentement, grignotant de temps à autre une bouchée du piment vert qui accompagnait toujours le *choley*. Elle savourerait le goût relevé et légèrement aigre des pois, mordrait dans la pâte croustillante du *samosa* et laisserait fondre lentement dans sa bouche le mélange de pommes de terre et d'épices qu'il contenait. Elle n'avalerait pas tout d'un seul coup, mais ne laisserait descendre dans sa gorge que de tout petits morceaux un à un, pour prolonger la saveur brûlante, épicée, aigre, salée…

La route devant le portail était vide à l'exception de deux corbeaux qui lançaient des appels stridents et belliqueux comme pour accuser Sumitra de succomber à la gourmandise. Elle fit aussitôt pour les chasser de grands gestes qu'ils ignorèrent. La tête de Raghu apparut enfin au-dessus du portail, mais il semblait avoir les mains vides. Sumitra sentit sa gorge se dessécher. Quand il s'approcha, elle aperçut un sac en plastique bleu aux anses entortillées autour de son poignet.

« Tu l'as trouvé ? demanda-t-elle avidement, bien qu'elle sentît déjà l'arôme piquant du *choley* chaud. Raghu posa le sac en plastique sur les marches et se mit à compter la monnaie.

— C'était seulement quatre roupies. La glace, deux… alors, tenez, voilà… »

« Ce que ce vaurien peut être lent ! » pensait Sumitra en couvant du regard le sac précieux qui chatoyait comme un joyau dans la lumière de l'après-midi. Plus que quelques minutes et elle pourrait manger.

« Raghu ! »

Déchirant brutalement la paix qui régnait sur la maison tranquille, la voix les frappa comme l'éclair. Sumitra se figea et Raghu courut se réfugier derrière un pilier. Belle-maman apparut, une main en visière protégeant ses yeux de la lumière.

« Que fais-tu ici ? Est-ce que quelqu'un est venu à cette heure indue ? » demanda-t-elle sur un ton irrité. Le regard de Sumitra était rivé au sac en plastique dont le haut flottait à présent dans la brise comme l'étendard de la victoire.

« Qu'est-ce que c'est que ce sac ? Les corbeaux ont dû le trouver sur un tas d'ordures. Affreux oiseaux de malheur ! » Tout en les injuriant, belle-maman donna un coup de pied dans le sac. Pour une vieille dame gracile, elle ne manquait pas de force car il atterrit juste à côté des corbeaux. Ils le déchirèrent aussitôt à grands coups de bec et s'attaquèrent aux *samosa* avec avidité. Sumitra regardait la tache que faisait sur la route la sauce brune qui s'écoulait.

« Viens, rentrons. Le soleil va te donner un malaise », dit belle-maman.

« Les corbeaux ont-ils eu des oignons avec le *choley* ? » se demandait Sumitra en suivant à pas lents sa belle-mère dans la maison.

Les affres sans fin de la faim

CHOLEY AIGRE
*(KHATTEY CHOLEY *)*

1 tasse de pois chiches
2 pommes de terre moyennes coupées en deux
1 cuillère à café d'huile
1 oignon en tranches
1 pouce de gingembre en tranches
1 cuillère à café de poudre de mangue séchée *(amchûr)*
1 cuillère à café de cumin
1 cuillère à café de graines de coriandre
2 clous de girofle
1 petit bâton de cannelle
2 gousses de cardamome
1 petit piment rouge et sec, entier
feuilles de coriandre fraîche
1 oignon haché
sel

Il est toujours bon de faire tremper les pois chiches pendant la nuit pour rendre la cuisson moins laborieuse. Mettez-les à cuire dans une Cocotte-minute avec les pommes de terre et le sel jusqu'à ce qu'ils soient tendres. Enlevez les pommes de terre, mettez-les en morceaux. Faites chauffer l'huile dans une poêle et faites-y dorer l'oignon et le gingembre. Ajoutez les pommes de terre et laissez frire encore un moment. Versez les pois chiches dans cette préparation, ajoutez la poudre de mangue séchée, mélangez et laissez mijoter pendant deux ou trois minutes. Retirez du feu.

Faites griller à sec les graines de cumin et de coriandre, le piment rouge, les clous de girofle, la cannelle et la cardamome jusqu'à exhalaison d'un délicieux arôme d'épices. Ecrasez avec un petit peu d'eau jusqu'à obtention d'une pâte et mélangez avec les pois chiches. Décorez avec des feuilles de coriandre fraîche et de l'oignon haché. Garanti sans restes.

Le poisson-lune

Un bruit de verre brisé réveilla Soni, qui se couvrit aussitôt la tête pour se rendormir. Mais en se rappelant brusquement qu'on était vendredi, elle se dressa sur son séant. Toute la maisonnée était déjà debout, et quand elle entra dans la cuisine, elle trouva sa mère assise à table, invectivant les domestiques :

« Bande d'idiots, vous ne pouvez donc rien exécuter correctement ? Si c'est moi qui dois tout faire ici, pourquoi nourrirais-je des fainéants comme vous de platées de riz et de litres de thé ? Je ne gère pas un relais de pèlerins, que je sache ! » La courbe de sa voix montait, filait par la porte ouverte et atteignait la cuisine où les serviteurs s'activaient sans faire attention en bavardant à voix basse. Là, elle se heurtait à leurs dos indifférents et rebondissait comme un boomerang vers son origine. Bhatu, le cuisinier, qui connaissait la mère de Soni depuis qu'elle était petite, attendit qu'elle ait terminé sa tirade matinale pour déposer une tasse de thé devant elle, et s'en retourna à la cuisine. Elle but une gorgée en recourbant délicatement le petit doigt.

« Comme ce thé est amer ! marmonna-t-elle, un peu calmée à présent. Ah, la princesse est enfin réveillée ! Tu as donc oublié quel jour on est aujourd'hui ? » demanda-t-elle d'un ton modérément agressif dès que Soni prit place à table.

Aussi loin que la fillette se rappelât, elle avait toujours entendu sa mère parler sur le mode de la récrimination. En fait, ses proches étaient si bien habitués à ses sempiternels « Est-ce que j'y suis pour quelque chose ? », « Est-ce à moi de tout faire ? », « Si vous croyez que... », « Comment le pourrais-je ? », que quand elle posait une vraie question – ce qui lui arrivait de temps à autre – personne ne lui répondait, et les assauts d'interrogations froissées et offensées reprenaient de plus belle.

Mais aujourd'hui, Soni le voyait, son agitation était sincère. Elle lui entoura les épaules de ses bras. « Non, maman, ne t'inquiète pas, je n'ai pas oublié. Comment le pourrais-je ? », se surprit-elle à dire comme sa mère.

Le Grand Pique-Nique au Clair de Lune ! Il y avait si longtemps qu'ils en avaient fait le projet, qu'ils en discutaient, le réorganisaient, l'annulaient, le remettaient, et enfin, ce soir-là, il allait se concrétiser ! La liste des invités avait donné lieu à de longues discussions entre ses parents. Ils avaient opéré une sélection méticuleuse sur la base de l'état des relations que la famille entretenait avec chacun d'eux, et passé au peigne fin leur conduite passée à l'affût de la moindre faille. Parmi les onze heureux élus, qui ignoraient être sortis vainqueurs d'une lutte aussi âpre, M. et Mme Shukla et leurs deux filles, M. Nath et sa nouvelle épouse, M. et Mme Pant, avaient accepté l'invitation avec enthousiasme. Deux tantes et un cousin médecin avaient été rajoutés à la liste à la dernière minute par le père de Soni, qui avait dit : « C'est toujours bien d'avoir un docteur. Après tout, on ne sait jamais... et les tantes pourront emporter les restes. »

Choisir le site du pique-nique n'avait pas été difficile : dans leur ville, un seul endroit pouvait faire l'affaire, les berges du lac Maroda. Cette grande étendue d'eau boueuse était entourée d'un parc. Dans la journée, des centaines de promeneurs matinaux y flânaient, des enfants y jouaient au cricket et de jeunes couples roucoulaient à l'ombre de ses arbres. Soni se demandait comment le lieu se présentait la nuit. La perspective l'excitait et l'effrayait légèrement. Ramvati, la jeune servante qui, avec ses seize ans, était de deux ans seulement son aînée, s'y rendait souvent le soir. « Pour attraper des poissons-lunes », disait-elle, et Bhatu réagissait toujours en riant, comme si ce n'était pas vrai. Soni avait du mal à croire que ses parents l'emmenaient faire quelque chose d'aussi extraordinaire qu'un pique-nique au clair de lune, où toutes sortes de choses pouvaient arriver.

« Je ne veux pas qu'il nous arrive quoi que ce soit, dit son père avant de partir pour le bureau. J'ai donc commandé une deuxième voiture pour nous suivre. On pourra y mettre les provisions. » Sa mère attendit qu'il ait quitté la pièce pour se laisser tomber sur sa chaise, la plus confortable de la pièce.

« Tant de choses à faire ! Ce pique-nique me tue. Mais qui s'en soucie ? » demanda-t-elle en levant les yeux au plafond. Bientôt, la pièce s'emplit de légers ronflements. Elle dormait.

Dans la cuisine, Bhatu mettait au réfrigérateur les morceaux de poulet enduits de yaourt. Puis il s'apprêta à pétrir la pâte.

« Rajoute de la farine, lui conseilla son neveu. Profitons du pique-nique, nous aussi, pour nous régaler. Elle ne saura jamais quelles quantités nous avalons, dans le noir. » Le jeune homme avait été engagé récemment, on ne pouvait pas lui demander d'être loyal. Ramvati pouffa de rire, mais s'arrêta net sous le regard sévère de Bhatu. Elle sortit la meule à épices de sous la table et y amoncela un petit tas d'oignons. Puis, confortablement assise par terre sur ses talons, ses bracelets de verre tintinnabulant, elle se mit à écraser les oignons, y ajoutant de temps en temps des morceaux de gingembre. Bhatu et son neveu regardaient ses bras ronds et robustes aller et venir au-dessus de la pierre.

Bhatu avait arrêté le menu longtemps à l'avance, et malgré tous les efforts et les arguments déployés par la mère de Soni pour le modifier, il n'avait pas cédé un pouce de terrain.

« Monsieur m'a dit que c'était bien comme ça », répondait-il à chacune de ses tentatives. Le *biryani* au poulet, qui serait prêt dès l'après-midi, resterait dans le faitout en cuivre, scellé par une bande de pâte que l'on briserait au moment de servir. La préparation du poisson au yaourt commencerait dès que Ramvati aurait fini d'écraser le mélange d'épices *(masâla*)* correspondant. Bhatu confectionnerait en dernier le fromage de lait *(panîr)*, afin qu'il ne durcisse pas trop. Il ferait aussi des pommes de terre au cumin pour Soni et un plat d'aubergines au yaourt que sa mère aimait. Ce serait tout pour l'ensemble de l'expédition, domestiques inclus. Ils emporteraient un réchaud et feraient cuire les *paratha* et les *puri* sur place, au bord du lac. Il n'avait pas à prévoir de dessert, Monsieur ayant décidé de commander un gâteau dans une pâtisserie.

« C'est de l'argent jeté par les fenêtres. Un ramassis d'œufs pourris et de farine », avait confié la mère de Soni à Bhatu, alors qu'ils se trouvaient seuls dans la cuisine.

Tous les mets furent prêts dans la soirée, quoi qu'en ait prédit d'une voix lugubre la maîtresse de maison, qui voyait se profiler un désastre à chaque étape. Finalement, la fillette l'entraîna hors de la cuisine et l'obligea à s'allonger tranquillement dans sa chambre pour lui passer un peu de baume du Tigre sur le front. Bhatu transféra prestement les préparations dans deux tourelles de récipients gigognes avant qu'elle redescende, et quand le père de Soni revint du bureau, tout était rangé en bon ordre près de la porte d'entrée. Les hauts cylindres d'inox rutilaient comme des soldats de cuivre, la plaque à faire les crêpes reposait en équilibre sur le panier en compagnie d'autres récipients et casseroles, le réchaud avait été emballé et ficelé avec la bouilloire, et la pâte à pain enfermée dans une énorme boîte en métal.

Ramvati, vêtue de son plus beau sari, ses cheveux tressés noués par un ruban rose, tenait le bocal de *ghî* sur ses genoux comme s'il s'agissait d'un précieux bébé. Le neveu, un peu impressionné, avait retrouvé la mesure après tous ces préparatifs et attendait tranquillement, debout derrière l'imposant attirail bien aligné. Bhatu avait prévu des amuse-gueules épicés *(nimki*)* et des grains de riz grillé *(chidwa*)* pour le cas où certains convives auraient faim avant qu'il serve. Sa mère avait demandé à Soni d'empaqueter des nattes pour s'asseoir, deux paquets de cartes à jouer, trois torches électriques, une douzaine de bougies, six petites serviettes de toilette, un drap, quatre grands éventails de bambou, une pile de journaux et un grand flacon de Dettol [1]. A la dernière minute, elle avait jeté sur l'ensemble un antique poignard en argent (« par mesure de protection, juste au cas où... »), qui reposait maintenant à plat sur le baluchon volumineux. Ses incrustations de turquoises et de corail accrochaient la lumière du soir.

---

1. Marque d'un désinfectant ménager ubiquitaire en Inde.

Le poisson-lune

La nuit était tombée lorsqu'ils se mirent en route après plusieurs faux départs. Le père de Soni avait d'abord oublié les comprimés digestifs; puis Bhatu, pris de panique, avait bondi hors de la voiture pour jeter un dernier coup d'œil à la cuisine. Les invités attendaient dans leurs voitures respectives, avec leur équipement personnel.

Le convoi traversa à faible allure les rues mal éclairées. Pots et casseroles s'entrechoquaient avec un bruit de ferraille sous les pieds de Soni. Elle avait l'impression d'être un réfugié fuyant une ville ravagée par la guerre.

Enfin, le chemin étroit bordé de *babul* apparut dans la lumière des phares. Le lac Maroda, si gai, familier et rassurant dans la journée, s'étalait à présent devant eux comme un insondable mystère, vaste mer d'ombres frémissantes animée de lucioles. Leurs voix leur paraissaient si fortes qu'ils se mirent à chuchoter en descendant de la voiture. Mais soudain, Ramvati s'écria:

« *Soni didi* *, regarde! la pleine lune! » Et elle s'élança vers le lac, son sari flottant comme une voile derrière elle. Soni aurait aimé la suivre, mais la peur la retint.

« Bhatu, sors le soda et la glace », commanda son père d'une voix stridente qu'on ne lui connaissait pas. Aussitôt tout le monde se mit à parler en même temps. On étala les nattes près des voitures et les hommes s'assirent pour entamer sur-le-champ une partie de cartes. Les femmes eurent un moment d'incertitude. D'abord, elles les regardèrent jouer, puis, dès que Bhatu eut sorti le réchaud, elles se regroupèrent autour de lui comme des phalènes autour d'une flamme.

« Est-ce qu'on commence à sortir les victuailles ? demanda la mère de Soni qui, pour la première fois de sa vie, obtint instantanément une réponse.

— Oui ! » s'écrièrent les convives à l'unisson.

Les femmes riaient et se bousculaient en essayant de porter les énormes récipients gigognes. Bientôt elles relevèrent leurs saris jusqu'aux mollets, glissant le tissu en bourrelet dans leur ceinture. Leurs chevilles, pour une fois découvertes, accrochaient la lumière de la lune tandis qu'elles allaient et venaient en courant comme des enfants insouciantes. Assis au milieu de cette ruche, Bhatu s'activait au-dessus du réchaud, mettait le *ghî* à chauffer pour cuire les *paratha*.

« Nous allons rouler les *paratha*, Bhatu, poussetoi. Va voir le lac. Ce soir, c'est nous qui sommes aux fourneaux », déclara Mme Nath dont la voix animée, qui portait loin dans la nuit, fit se retourner en souriant les joueurs de cartes.

Soni, assise avec les autres filles, les écoutait parler d'un film qu'elles avaient vu peu de temps auparavant. Elle distinguait, loin devant elle, la silhouette de Ramvati au bord de l'eau. Le neveu de Bhatu l'accompagnait. Leurs corps semblaient flotter, se toucher et s'écarter lentement. Soni sentit soudain la peur lui couper le souffle. L'arôme des épices flottait dans l'air, mêlé à l'odeur de moisi que dégageait la terre humide. Quelque part, une chouette lança un ululement pressant.

« Ramvati, s'entendit crier Soni en se précipitant vers le lac, sa voix résonnant dans la nuit. Ramvati, reviens, tu vas te noyer ! » Le neveu se retourna et éclata de rire, les yeux étincelants.

« Je la sauverai ! » déclara-t-il en caressant lentement du bout des doigts le bras de Ramvati comme pour y tracer un dessin. Soni entendit Ramvati dire quelque chose au garçon à voix basse et ils s'éloignèrent dans l'ombre.

Bien que les hommes n'aient pas terminé leur partie, les femmes avaient commencé à servir.

« Venez manger. Est-ce qu'on va devoir vous attendre toute la nuit ? » s'écria la mère de Soni. Le docteur jeta ses cartes : « Allons, déclara-t-il avec un clin d'œil à ses partenaires, n'obligeons pas ces gentes dames à attendre toute la nuit. » Tout le monde éclata de rire, même la mère de Soni, dont le visage brillait de sueur. A la clarté de la lune, Soni la trouvait soudain très étrange, comme quelqu'un dont le visage lui était familier, mais qu'elle n'aurait jamais rencontré dans la vie réelle, à qui elle n'aurait jamais adressé la parole.

Soni mangea un petit peu de riz, puis repoussa son assiette. Elle entendait M. Shukla s'attaquer comme un furet affamé à une énorme cuisse de poulet, claquant des lèvres après chaque bouchée. La main de son père émergea de l'ombre pour saisir une assiette de poisson.

« Bon, bon, très bon ! » marmonna-t-il, la bouche

si pleine qu'elle en était déformée et gonflée. Mme Nath, debout derrière lui, gloussait de rire en lui versant sans cesse de nouvelles quantités de sauce. Il lui saisit la main : « Arrêtez, vous allez me tuer ! » s'écria-t-il. Tandis qu'ils riaient en faisant semblant de se battre, des gouttes de sauce brun-rouge éclaboussèrent la natte.

« Soni, Soni, ma petite fille, appela sa mère dans l'obscurité. Elle la rejoignait, tenant quelque chose à manger dans la main. Viens, ma chérie, fifille à sa maman, mange cette bouchée pour moi, pour me faire plaisir. Allons, ma poupée », zézayait-elle en émettant des bruits de baisers.

Soni détourna la tête. L'odeur de nourriture commençait à lui lever le cœur. Qu'est-ce qui leur prenait à tous ? Un coup de lune ? Elle regarda le ciel, essayant de se remémorer le nom des constellations que son père lui avait désignées un jour. A ce moment, une étoile filante traversa le ciel et s'abîma dans l'obscurité du lac.

Ramvati, sortant de l'ombre, accourait vers elle. Son sari trempé lui collait aux jambes, couvert de traînées boueuses. Elle tenait quelque chose entre ses mains. « Regarde, petite sœur, un poisson-lune ! J'ai attrapé un beau petit poisson-lune pour toi », cria-t-elle d'une voix étrangement haut perchée en s'approchant. Et elle fut là, debout devant eux, riant dans la clarté de la lune, le poisson mort luisant dans ses mains. Le ruban rose n'attachait plus sa natte, le corsage dégrafé dégageait ses épaules. Les hommes avaient cessé de manger et la regardaient avec stupéfaction. Les femmes baissèrent les yeux et marmonnèrent quelque chose à voix basse d'un ton coléreux.

Soni aurait voulu se jeter sur Ramvati pour couvrir la courbe humide et luisante de sa poitrine. Elle aurait voulu hurler contre elle pour se tenir là, si belle dans son impudeur, lui arracher des mains le poisson-lune et courir le rejeter dans le lac. Mais elle était paralysée. Les yeux rivés sur l'offrande de Ramvati, les convives restaient muets, pétrifiés dans la lumière argentée de la lune.

POISSON AU YAOURT
*(DOI MAACH *)*

1 kg de poisson blanc à chair ferme
1 cuillère à café de sucre
1 tasse de yaourt
1 cuillère à café de sel
1 bâton de cannelle
2 grosses gousses de cardamome
4 clous de girofle
1 cuillère à café d'huile
2 cuillères à café de *ghî*
quelques raisins secs
1 cuillère à café de gingembre râpé
1 piment vert, épépiné et en tranches

Coupez le poisson en morceaux et faites-le mariner dans le yaourt pendant une heure.

Faites chauffer l'huile et le *ghî* ensemble dans une poêle. Ajoutez la cannelle, la cardamome, les clous de girofle, les raisins secs, et faites dorer pendant deux ou trois minutes. Placez soigneusement les morceaux de poisson un à un dans la poêle, puis versez-y le yaourt. Ajoutez le sucre, le sel, et laissez mijoter jusqu'à ce que le poisson soit cuit (pendant vingt minutes à peu près). Ne remuez pas le mélange avec un instrument, mais agitez subtilement la poêle, comme James Bond le fait de son Martini. Les morceaux de poisson doivent rester fermes, ne pas s'émietter quand on les sert. Ajoutez le gingembre et le piment. Servez sur un plat avec du riz blanc bien chaud.

Qui meurt dîne

Ma grand-mère se faisait du mauvais sang pour la moindre vétille. Mais quelques semaines avant l'anniversaire du décès de grand-père, ce tracas tournait à la panique. Elle traitait d'abord ses deux sources d'angoisse favorites, nettoyer la maison de fond en comble et préparer un repas spécial pour la cérémonie, gardant la troisième pour la fin : trouver un prêtre à nourrir [1]. Elle s'y consacrait exclusivement, avec une énergie frénétique.

Dans la maison, déjà propre d'ordinaire comme une salle d'hôpital bien tenue, planaient les effluves entêtants du phényle.

« Tu as trouvé le *Lamp Black* ? » demanda-t-elle avec une pointe de soupçon à Gopal, le jeune domestique. C'était la marque de phényle qu'elle utilisait. Comme elle ne pouvait lire le nom écrit en anglais sur l'étiquette, elle tenait le flacon

---

[1]. Les prêtres brahmanes ont pour fonction de mettre les vivants en communication avec le divin et les âmes, et transmettent leurs offrandes. En mangeant le repas cérémoniel destiné au défunt, le prêtre lui en fait parvenir, sinon la substance, du moins l'essence et le mérite.

débouché sous son nez pour le respirer comme un cognac de grande cuvée.

La pièce où devait se dérouler le *shradha* * annuel de grand-père fut nettoyée à grandes eaux et récurée jusqu'à ce que les contours de ciment de l'antique dallage partent en morceaux, que Gopal ramassa comme preuve de sa diligence infatigable. Je m'attendais chaque jour à ce qu'il se rebiffe en jetant à terre chiffon et balai. Mais il redoublait au contraire de frénésie avec le temps, balayant et époussetant comme un possédé. Il se cognait aux murs, se prenait les pieds dans ceux des tables tout en passant sur le sol sa serpillière imbibée de phényle, maugréant contre quiconque se mettait sur le passage de sa reptation de pieuvre. Mis à part Gopal, seule ma grand-mère était autorisée à franchir le seuil de la chambre du *shradha*. L'après-midi, à l'heure où tous les autres faisaient la sieste, je la voyais, assise par terre à côté du jeune homme dans un coin de la vaste pièce. Ils chuchotaient comme des conspirateurs, traquant la moindre traînée de poussière. Leur comportement tourna un jour à l'hystérie en constatant qu'un moineau avait profité d'un moment d'inattention de Gopal pour entrer et laisser sur le sol trois petites flaques éloquentes.

« C'est peut-être un bon présage », dit Gopal pour tenter d'échapper aux reproches de grand-mère.

La phase de nettoyage enfin terminée, on passa à la préparation du repas. Les éléments principaux du menu – *khîr*, *puri* et curry de pommes de terre –

ne variaient pas, mais il fallait prévoir deux plats nouveaux. La famille au complet se réunit pour en discuter.

« Fais du chou-fleur. Grand-père adorait ça, dit mon frère, poussé par une envie personnelle de chou-fleur.

— Ce n'est pas vrai. Ça lui donnait des gaz, répliqua ma grand-mère.

— Des carottes et des pois, alors, proposa mon père.

— Des carottes ! Mes proches sont-ils des lapins pour que je leur fasse manger des carottes ? Et que va penser le prêtre ? Non, nous allons préparer des graines de lotus et du curry de *panîr* », dit-elle d'un ton sans réplique, et le débat fut clos.

Gopal et grand-mère avaient déjà commencé à s'occuper des ingrédients. Amandes et raisins secs, pâlis à force d'avoir été rincés, attendaient, décolorés, sur les assiettes. D'énormes quantités de riz basmati avaient été soumises à un examen minutieux à la recherche de pierres cachées, et grand-mère avait eu pour scruter les pommes de terre avant de les choisir le même regard impitoyable dont elle avait détaillé les candidates au mariage avec ses fils. Dès la veille du *shradha*, la cuisine fut réservée à la préparation des mets de la cérémonie. Quelques parents enthousiastes étaient déjà arrivés. Dès qu'elles passaient le seuil de la maison, les femmes se précipitaient sans rien demander à personne pour contribuer aux préparatifs du repas. Elles ôtaient leurs sandales, se lavaient les mains et s'asseyaient sur le sol de la cuisine. En l'espace de quelques minutes, elles avaient trouvé le bon rythme et travaillaient en parfaite coordination avec ma grand-mère. Je ne l'ai pourtant jamais entendue leur donner d'instructions. Elles s'activaient le plus souvent en silence, mais de temps à autre l'une d'elles communiquait brièvement aux autres une petite nouvelle intéressante. « Ma belle-sœur Mira a eu encore une fille » déclencha un soupir collectif. « Ramlalji a vendu sa maison pour dix millions de roupies » fit, de stupéfaction, béer toutes les bouches. Certaines remarques à succès revenaient chaque année sans prendre une ride : « Grand-mère, tes yeux détectent le caillou le plus minuscule ! », disait une cousine alors qu'elles triaient le riz, et ma grand-mère lui adressait aussitôt la réplique convenue : « C'est que nous avons mangé du *ghî* pur, et dans ma jeunesse, il n'y avait pas de télévision pour nous faire larmoyer les yeux. »

« Maaji, comment fais-tu pour garder ta maison si propre ? » était un autre leitmotiv que la vieille dame aimait beaucoup. « Le garçon m'aide, mais je dois veiller au moindre... » répondait-elle en levant les sourcils avec un coup d'œil rapide en direction de Gopal. Toutes les femmes, et Gopal lui-même, comprenaient l'accusation tacite.

Le moment était venu de se mettre en quête du prêtre. Chaque femme fit à ma grand-mère un rapport sur les nouveaux desservants qu'elles avaient pu voir officier au cours de mariages, funérailles, *shradha*, cérémonies d'attribution du nom et autres pendaisons de crémaillères, en mentionnant la taille, le poids et l'âge de chacun d'eux, entre autres informations descriptives. Ma grand-mère était tout ouïe, et ses yeux pâlis avaient pris l'éclat du vieil argent. Quand elle les eût tous rejetés l'un après l'autre, elle se laissa aller contre le mur de la cuisine et se mit à gémir : « Que va-t-il advenir de son âme ? Comment oserai-je me présenter à lui quand je le retrouverai au paradis ? O mon Dieu, aidez-moi, aidez-moi à trouver celui qui convient ! » Elle sanglotait à présent, et les femmes regardaient la scène avec un mélange de tristesse, de crainte et de respect, sans que leurs mains aient cessé d'éplucher et de hacher.

Le *shradha* de l'année précédente avait été perdu pour ma grand-mère parce que le prêtre n'avait rien voulu avaler. Il avait refusé le *khîr* pour ne pas faire monter son taux de sucre et n'avait accepté que deux *puri* parce que son médecin lui avait déconseillé les graisses.

« Qui a jamais entendu parler d'un prêtre au régime ? Où va le monde ? Bientôt ils réclameront de la salade. Comment veulent-ils m'aider à passer le fleuve de la mort quand mon temps sera venu, s'ils ne mangent que des aliments bouillis ? » Grand-mère avait pleuré plusieurs jours d'affilée, tandis que nous éclusions les restes avec gourmandise, y compris la part du prêtre : celle du lion.

Bien que pour ma grand-mère l'acte de nourrir le prêtre, qui lui vaudrait un bonus important au plan d'épargne mérite géré par le ciel, fût au cœur de la cérémonie, elle n'avait trouvé en dix ans aucun ministre du culte à la hauteur de ses talents culinaires.

Elle suspectait certains d'entre eux de n'être pas d'authentiques brahmanes, en leur voyant l'air négligé et les pieds crevassés, terreux. « Un vrai prêtre a des pieds de bébé, doux et propres, parce qu'il se les lave régulièrement », affirmait-elle. Elle en avait éconduit d'autres à cause de leur regard fuyant. Elle les soupçonnait de ne pas avoir un niveau suffisant de connaissances ou de ne pas être d'assez haute naissance. Il s'en était présenté un qui sentait le tabac. Elle l'avait aussitôt sermonné et congédié, bien qu'il eût amené avec lui sa propre vache pour le *shradha*, un avantage de taille. Certains étaient trop gros à son goût, d'autres trop malingres, trop souffreteux. L'un d'eux, à son grand effroi, parlait anglais et conduisait sa voiture, tandis qu'un autre ne connaissait pas assez bien le sanscrit. Chaque année, un membre de la famille était désigné par ma grand-mère pour se mettre en quête du prêtre. L'un après l'autre, ils avaient tous déçu son espoir. Cette année, son regard perçant, auquel j'avais pourtant tenté d'échapper, s'arrêta sur moi.

« Tu sais conduire, va en chercher un dans les temples de la périphérie. Et n'oublie pas de t'assurer qu'il n'est pas diabétique », ordonna-t-elle.

Je me mis en route avec le cœur lourd du prince en détresse que le père de sa bien-aimée met au défi de traverser sept fleuves, de combattre le géant et de rapporter le joyau perdu. Je faisais la queue pour rencontrer le prêtre de chaque temple, et quand j'atteignais enfin le guichet où se déroulait l'entrevue, c'était pour l'entendre dire qu'il était déjà engagé ailleurs.

« Essayez de comprendre, chère sœur, combien il nous est difficile de satisfaire tout le monde. Nous ne pouvons manger qu'une fois par jour. Il y a cinq prêtres ici, et nous sommes tous réservés jusqu'à la fin du mois prochain. »

Je cherchai toute la journée, sans trouver un brahmane qui répondît aux critères exigés par ma grand-mère. Ceux qui étaient disponibles n'avaient pas le poids convenable, le niveau de propreté ou d'outre-mondanité adéquat. Un prêtre refusa notre offre dès qu'il prit connaissance du menu – « trop riche » – et un autre, des offrandes en espèces – « trop maigres ». Un troisième, qui venait de me donner son accord, se récusa aussitôt pour accepter une autre offre plus alléchante. J'allais finalement m'avouer vaincue et rentrer à la maison quand un vieux brahmane me prit en pitié et produisit devant moi, comme par magie, un garçon décharné.

« Prenez-le, c'est mon fils, mais je vous préviens, il n'a pas encore tout appris. »

Cet oisillon de prêtre avait tout faux, depuis la coiffure négligée jusqu'aux baskets dont il était chaussé, mais mon cœur las s'en accommoda en toute humilité.

A mon retour dans la soirée, les chaudrons fumaient et toutes les femmes hachaient des légumes avec frénésie.

« Tu l'as trouvé ? » me demandèrent-elles, avides de nouvelles. Je hochai la tête évasivement et sortis de la cuisine.

« Comment est-il ? demanda ma grand-mère.
— Jeune, répondis-je sincèrement.
— C'est bien. Il mangera avec appétit et sans réticence. Peut-être que je devrais préparer un plat de légumes de plus. Du chou-fleur. Oui, ce serait bien, puisqu'il est jeune, il n'a pas de souci à se faire pour les gaz. » Et elle se retourna, l'air heureux, pour ordonner à Gopal d'aller acheter cinq kilos de chou-fleur. J'étais surprise qu'elle ne veuille pas en savoir plus long sur le prêtre. Sa foi dans la justesse de mon choix me remplissait de honte en pensant au spécimen que j'avais retenu, et je passai une nuit sans dormir, dans la peur de ce que le lendemain nous réservait.

Il faisait encore noir lorsque j'entendis ma grand-mère et Gopal s'activer dans la cuisine. A mesure que le jour se levait, ils furent rejoints par les femmes. A les voir travailler en silence dans la demi-pénombre, avec des mouvements lents et précis, leurs silhouettes se détachant et se superposant comme dans un ballet de fantômes, on aurait pu les croire en train d'accomplir un rituel occulte. Le *khîr* bouillonnait à bruit de bulles crevées dans un énorme chaudron de cuivre. Gopal le remuait sans s'interrompre, et la vapeur qui s'en dégageait déposait une fine buée sur son visage. Deux femmes, assises au sol, préparaient une pâte sur un plat, l'une pétrissant la farine pendant que l'autre y ajoutait régulièrement de petites quantités d'eau. Elles ne se disaient rien mais acquiesçaient à l'unisson d'un mouvement de tête chaque fois que le moment de verser l'eau était venu, comme dans une pantomime. Les légumes, qui avaient été coupés à l'avance, furent jetés un par un, avec des épices, dans le wok où l'huile chaude les fit rapidement passer du vert et du blanc au brun caramel. Le menu ainsi préparé se composait des mets suivants: pommes de terre dans une sauce épaisse à base de tomates exclusivement (ni oignon, ni ail), chou-fleur relevé d'une pointe de gingembre, graines de lotus au *panîr* dans une sauce douce, yaourt saupoudré de pois chiches grillés *(bundi*)* et, bien sûr, l'inéluctable *khîr* qui allait mijoter à feu doux jusqu'à l'acquisition d'une nuance particulière de rose. Seul Gopal était autorisé à le remuer. Habitué aux travaux durs, ses mouvements étaient les mieux coordonnés de tous.

« Vous, les jeunes, vous n'avez plus aucune force dans les bras depuis que vous vous épilez à la cire », disait grand-mère dès qu'elle prenait une de ses compagnes aux bras lisses à toucher au *khîr*. Mais elles étaient bien contentes d'être exemptées parce que la moindre hésitation dans le processus fait retomber le lait en couche épaisse au fond du récipient ou, pire encore, donne au *khîr* une vague odeur de lait brûlé que seul l'odorat aiguisé de ma grand-mère aurait détecté immédiatement.

Je ne pouvais supporter de les voir préparer ce festin pour un apprenti prêtre qui, j'en étais sûre, n'avait aucunement le désir d'embrasser la profession de son père. Mais lorsque je le retrouvai, un peu plus tard dans la matinée, pour le ramener chez nous, il était fin prêt, arborant tous les attributs de son rôle. Un châle couleur safran, drapé élégamment autour de ses épaules, lui donnait l'air plus âgé, et ses longs cheveux, qu'il portait maintenant en boucles lisses et soigneusement huilées, ajoutait à son personnage cette touche supplémentaire de prêtrise que grand-mère désirait si ardemment. Je remarquai qu'il marchait maintenant pieds nus. Nous restâmes un moment silencieux car je ne savais comment m'adresser à lui : « *Sadhuji* », dont il ne méritait pas encore le titre, aurait paru présomptueux, et « fils » trop familier, voire blasphématoire.

« Je n'étais encore jamais entré dans une Maruti », dit-il avec animation en se penchant en avant. Ses yeux brillaient de joie. Il ressemblait à un écolier costumé pour jouer dans une pièce de théâtre. Il m'expliqua qu'il étudiait dans une école où l'enseignement était donné en anglais, et qu'il espérait poursuivre ses études à l'université. « J'ai appris suffisamment de sanscrit pour pouvoir réciter les différentes formules sacrées et adopter la profession de mon père. Vous comprenez, madame, expliquait-il en tripotant l'autoradio, tant que nous sommes logés au temple, nous ne payons pas de loyer. »

Lorsque nous arrivâmes, je sortis de la voiture et me plaçai devant lui, espérant atténuer ainsi l'impression que ne manqueraient pas de produire sa petite taille et son jeune âge.

« Qu'est-ce que c'est que ça ? Un bébé prêtrounet ! s'esclaffa mon frère. Faites-lui vite chauffer du lait, ou donnez-lui du Farex ! » Mon jeune prêtre l'entendit mais n'en monta pas moins les marches, la tête haute. Il mit dans ses yeux le froid regard d'acier dont ses ancêtres avaient dû user pour remettre à sa place plus d'un prince impertinent [1]. Il salua ma grand-mère, mains jointes, le regard portant loin au-delà de ses épaules comme s'il la voyait déjà dans le contexte de l'autre monde. Pendant toute la cérémonie du *shradha*, qu'il conduisit avec dignité et compétence, il ne sourit pas une seule fois, ni quand mon père trébucha sur le pot en cuivre en essayant de lui laver les pieds, ni quand mon frère lui demanda de réciter les prières « à la vitesse supérieure », pas même quand son *dhoti** se prit dans le nouveau parapluie qu'on lui offrait. Il posa sur tous les dons qu'il allait recevoir un regard de froide indifférence qui impressionna même mes cyniques de frères. Il se contenta d'acquiescer d'un signe bref devant les objets rassemblés, sept ustensiles en cuivre, un lit pliant (en l'achetant de préférence à un *charpoy**

---

1. Dans la société hindoue traditionnelle, divisée en castes, les brahmanes, sont les dépositaires et les transmetteurs du savoir le plus haut. Jadis, ils occupaient la fonction de conseiller auprès des souverains et de précepteur des fils de lignée royale.

ma grand-mère avait fait une concession aux temps modernes), trois *dhoti* blancs amidonnés, un châle de prix, un énorme parapluie noir et une pile de matelas et couvertures assez volumineuse pour lui durer toute la vie.

Puis il s'assit pour manger, ce qu'il fit d'abord à bouchées lentes et pensives. Les femmes l'observaient de la porte de la cuisine et ma grand-mère déployait au-dessus de lui les gestes légers d'un génie aérien issu de la lampe de cuivre qui brûlait près de la natte sur laquelle il était assis. Elle ne le quittait pas des yeux, anticipant ses désirs avant même qu'il ait pu esquisser le moindre geste. Pas un mot n'était échangé. Peu à peu, les légumes se volatilisaient, les *puri* disparaissaient sans laisser de trace, et pourtant son assiette n'était jamais vide. Les femmes redoublaient de célérité pour étaler les *puri* que Gopal mettait à frire avec empressement. Le jeune prêtre poursuivait son repas à un rythme lent mais imperturbable. Ma grand-mère était rayonnante. Les femmes se relayaient pour sortir de la cuisine et le regarder avec émerveillement. Gopal applaudit son vingt-cinquième *puri* avec le cri de jubilation qu'il réservait aux victoires indiennes dans les internationaux de cricket. Enfin, alors que nous, les mécréants, en étions arrivés à craindre qu'il ne nous reste rien à manger, il s'arrêta avec un rot léger, non sans avoir vidé sans reprendre souffle tout un chaudron de *khîr*, qu'il tenait incliné au-dessus de sa bouche. Ma grand-mère pleurait des larmes de joie.

« Revenez chaque année, *panditji* [1], murmura-t-elle.

— Votre nourriture est la meilleure que j'aie jamais mangée. La prochaine fois, puis-je amener quelques amis ? Ils ne sont pas prêtres, mais... hésita-t-il en se dépouillant de son attitude hautaine, maintenant que la cérémonie était terminée.

— Amenez qui vous voulez. Je vous nourrirai ce jour-là, vous et vos amis, jusqu'à la fin de mes jours. »

Ma grand-mère mourut l'année suivante. Le jeune prêtre vint une dernière fois afin de prier pour son âme et de prendre son dernier repas chez nous.

« Sans elle, la nourriture n'est plus la même », dit-il. Il mangea pourtant avec le même appétit constant, pour lui assurer une traversée du fleuve de la mort sans encombre, vers de plus hauts espaces. Notre famille ne pratique plus la cérémonie du *shradha*, remplacée par un don en espèces à une œuvre de charité. Mais où qu'il soit, je suis sûre que le garçon prêtre, aujourd'hui d'âge mûr, poursuit son petit chemin de chenille en mangeant, protégé par l'esprit bienveillant de ma grand-mère qui volette au-dessus de lui.

---

1. *-ji* : terminaison ajoutant une note de respect aux termes d'adresse.

GRAINES DE LOTUS ET *COTTAGE CHEESE* (*PHULMAKHANI** ET *PANÎR*)

250 g de graines de lotus
250 g de tomates
250 g de *cottage cheese (panîr)*
1/2 cuillère à café de poudre de coriandre
1/2 cuillère à café de poudre de cumin
1/2 cuillère à café de poudre de curcuma
sel
1/2 tasse de yaourt nature
1 cuillère à café d'huile

Faites chauffer l'huile dans un wok jusqu'à ce qu'elle fume. Faites frire la coriandre, le cumin et le curcuma. Ajoutez les tomates coupées et remuez jusqu'à ce que l'huile se sépare et que le mélange prenne une couleur rouge foncé. Ajoutez des cubes de *panîr* frais et la demi-tasse de yaourt dilué dans juste assez d'eau pour couvrir. Ajoutez le sel et laissez mijoter pendant quelques minutes avant de verser les graines de lotus. Servez dès que celles-ci sont croustillantes et gonflées.

Festin pour un homme mort

L'hiver touchait à sa fin. Sur les pentes des collines de Neri, les premiers bourgeons apparaissaient aux amandiers. Le chef du village gisait mourant sur son lit. Cela faisait un mois déjà et tous les villageois, occupés à semer et à repiquer dans les champs, avaient oublié son existence.

Le jour où le *pradhan** avait été frappé par un éclair dans la forêt, les gens de Neri s'étaient assemblés à son chevet toute la journée, l'observant avec une frayeur teintée de respect qui les tenait silencieux.

« Malédiction des épouses », avaient-ils murmuré. Puis, comme il ne donnait aucun signe que son âme voulût le quitter – spasmes frénétiques ou cris à glacer le sang, comme la vieille femme du village voisin quelques jours auparavant –, ils se désintéressèrent peu à peu de lui et disparurent les uns après les autres. Seuls les membres de la famille restèrent à son chevet, discutant et organisant ses funérailles à voix de stentor qui résonnaient comme des frappés de tambour sous son crâne. Il avait eu tant de fils de ses cinq épouses qu'il avait cessé d'en tenir le compte, passé les quatre premiers. Certains n'avaient vécu que quelques années, d'autres s'étaient enfuis à la ville, mais il en restait toujours assez pour le tourmenter sur son lit de mort. Heureusement, ses filles étaient reparties, emmenant leur nombreuse et bruyante progéniture qu'il n'avait donc plus à nourrir.

Les trois ou quatre fils qui travaillaient à la ville voisine étaient toujours là, mais il avait bon espoir de les voir partir bientôt eux aussi. Assis à son chevet, sirotant le thé, ils avaient commencé à donner des signes d'impatience – soupirs et grommellements à propos de « congé sans solde ».

« De nos jours, il est très difficile de pouvoir s'absenter, ne serait-ce qu'une journée. Notre nouveau patron n'autorise que deux décès par personne et par an : un pour le père, un pour la mère, dit le fils aîné, qui occupait un poste confortable de fonctionnaire.

— Et pour une épouse ? demanda l'un des cadets, qui venait de se marier.

— Jusqu'à présent ce cas n'a fait l'objet d'aucune demande de congé. Nous devrons attendre que cela se produise », répondit l'aîné du ton sérieux d'un juge. Ils se turent un moment, réfléchissant au dilemme à venir.

« Les épouses meurent-elles jamais ? » se demandait le chef de village. Il s'était marié cinq fois, et aucune de ses femmes n'avait perdu santé ni force avec l'âge. Elles lui apparaissaient toutes les nuits en rêve pour l'injurier. Dieu merci, aucune ne vivait plus avec lui. Elles avaient toutes quitté le village pour aller habiter Dieu sait où.

Aucune n'était venue le voir. Il ne savait pas s'il en était heureux ou blessé.

« Il vaut mieux qu'elles ne viennent pas. Comme cela elles garderont le souvenir du lion que j'étais, pas de ce vieux bâton rabougri. Peut-être que plusieurs d'entre elles sont mortes, ce qui expliquerait leur absence. Mais non, Mani me l'aurait dit, elle les connaît toutes mieux que moi-même. » Il essaya d'appeler Mani, mais les voix de ses fils, fortes et discordantes, noyaient son faible cri. Furieux, il se renversa sur ses oreillers et se tut. « Pourquoi est-ce qu'ils ne partent pas, pour me laisser mourir en paix ? Où est Mani ? »

Mani était assise dans la cour, vannant le riz, entourée d'un attroupement de pigeons qui picoraient la balle sur le sol de pierre. Le faible soleil lui chauffait le visage et atténuait la douleur de ses os. Elle allait préparer au *pradhan* une bouillie de riz aux lentilles *(khichdi*)*, puisqu'il pouvait avaler un petit peu mieux. Bien manger lui manquait, maintenant qu'il n'avait plus de dents. Mani se demandait si les fils allaient partir par le car de quatre heures. Si oui, elle n'aurait à faire de cuisine que pour le *pradhan* et pour elle. Les filles s'en étaient allées la semaine passée en promettant de revenir peu après, ainsi que les sœurs qui habitaient les villages voisins. Mani savait qu'elles ne reviendraient plus que pour les funérailles, mais n'en avait rien dit. Elle rendait grâce aux dieux pour avoir voulu que les épouses du *pradhan* ne se soient pas déplacées, bien que cela mît les villageois en colère.

« Cinq femmes, achetées au juste prix de l'épouse, et qui le veille sur son lit de mort ? Une vieille qui n'est même pas sa maîtresse », grommelaient-ils. Et ils envoyaient à Mani des paniers de maïs, de légumes et de riz.

Mani était loin de la vieillesse quand elle était arrivée chez le *pradhan* après le départ de son frère, le seul parent qui lui restât, pour travailler à la ville, emmenant sa famille. Il lui avait proposé de partir avec eux, mais elle savait que sa femme n'était pas très chaude.

« Nous nous sommes occupés d'elle tout le temps depuis la mort de ta mère. Mais maintenant elle serait une charge pour nous à la ville », l'avait-elle entendue dire un soir, alors qu'elle faisait la vaisselle dans la cuisine. Mani était donc restée, en promettant de prendre soin de leur petit lopin de terre.

« Tu as bien fait de ne pas les suivre à la ville. Tu aurais été obligée d'habiter dans une boîte d'allumettes, et ils t'auraient utilisée comme servante. Tu es bien mieux ici, lui avait dit un jour le *pradhan* alors qu'ils récoltaient le maïs dans son champ. Si tu veux, tu peux venir me faire la cuisine. Pas de salaire, mais le gîte et le couvert assurés », avait-il ajouté en fronçant les sourcils d'un air ennuyé, comme s'il regrettait déjà sa générosité étourdie.

Seize ans s'étaient écoulés. Ils vivaient assez heureux ensemble dans sa vieille maison spacieuse, une des plus grandes du village. Il y avait tant de pièces qu'il lui était facile de se cacher quand le *pradhan* amenait des filles ou quand ses amis venaient jouer aux cartes.

« De toutes les femmes au monde, il a fallu que tu choisisses la plus laide pour tes vieux jours ! » avait-elle entendu dire un de ses amis qu'elle avait croisé par accident dans la cour. Il s'était contenté de rire. Il ne s'était jamais remarié, et bien qu'elle l'ait attendu chaque nuit, fixant la porte avec un mélange d'espoir et de frayeur, il n'était jamais venu. Il ne l'avait jamais non plus invitée à partager son lit.

« Nous pensons partir aujourd'hui, dit l'aîné sans la regarder. Mani couvrit le panier de riz et se leva.

— Est-ce que je vous fais à manger pour le voyage ? »

Sans attendre la réponse, elle entra dans la cuisine. Elle se sentait si heureuse qu'elle avait envie de chanter en pétrissant la pâte des *puri*. Se sentant un peu coupable, elle rajouta une généreuse mesure de *ghî* et se mit à aplatir par claques successives des disques de pâte parfaitement ronds sur ses paumes.

« Mani, Mani ! Est-ce qu'ils sont enfin partis ? Promets-moi de ne plus les appeler, même pas pour le repas de funérailles. Ils ont déjà mangé tout ce qu'ils pouvaient de grain, ces derniers je-ne-sais-combien de jours, non ? s'écria-t-il en pleurant, et Mani dut lui essuyer le visage avec son écharpe. Elle introduisit à la main un petit peu de *khichdi* dans sa bouche et attendit qu'il avale. Tu te rappelles laquelle est morte ? » lui demanda-t-il quand elle eut fini de le nourrir et lui eut donné une pincée de tabac à mastiquer.

— Nirmala, dit Mani en lui massant les pieds. Mais personne n'en est sûr. On dit qu'elle est peut-être devenue ascète. Hari raconte qu'il l'a vue dans les grottes de Churdhar, quand ils y ont emmené le dieu l'hiver dernier.

— Comme tes mains sont rêches, Mani, on dirait de la vieille écorce. Nirmala a dû mourir. Elle n'aurait jamais pu devenir ascète. Elle aimait trop le vin de riz. Ses mains étaient douces comme un ventre d'agneau, dit le *pradhan*. Pourquoi m'a-t-elle quitté ? demanda-t-il en détournant la tête.

— Parce que vous aviez amené Uma et qu'elles se battaient toute la journée. Elles avaient même cassé les vitres rouges à fleurs peintes que vous aviez achetées cent cinquante roupies au Chinois. Une nuit, vous les avez enfermées dehors toutes les deux. Elles ont dormi dans l'étable. Le matin suivant, les vaches n'avaient pas de lait. Elles ont quitté le village peu après. Ensuite vous avez rencontré Gîta à la foire et vous l'avez épousée », répondit Mani en lui frottant la plante des pieds.

« Uma était donc la deuxième ? se demandait-il. Non, ce n'est pas possible. Après Nirmala, il y en a eu une autre, pas Uma. Elle avait une tache brune sur un sein. » Il ferma les yeux en tentant de se rappeler ses traits, mais son esprit n'était plus qu'un écran noir. Il ne pouvait en extraire que des corps glissants et doux, dénués de visage. Seul celui de Mani passait et repassait devant lui, laid et affable. Il ouvrit vivement les yeux. « Il y en avait une qui s'appelait Shanti. Laquelle était-ce ? demanda-t-il en essayant de redresser la tête.

— La cinquième, la dernière, après Draupadi. Voulez-vous un peu de *khîr* ? Il y a du lait en quantité, maintenant que tout le monde est parti, dit Mani.

— Non, non ! s'écria le *pradhan* d'une voix irritée. Shanti était la troisième, celle qui préparait un si bon vin de riz. Doux, mais qui vous glissait dans la gorge comme une langue de feu. Nirmala était celle qui buvait le vin et Shanti celle qui le faisait. Quel dommage qu'elle soit morte. J'en aurais bien bu un petit peu maintenant. Es-tu sûre que c'est Nirmala qui est morte, et non Draupadi ? C'est elle qui était souffreteuse, toujours en train de se plaindre d'un mal ou d'un autre chaque fois que je voulais dormir avec elle », marmonna-t-il. Il se mit à tousser. La petite pièce retentissait de sa quinte sifflante. Mani essaya de lui frotter le dos. Sentir son cœur palpiter contre sa main lui rappela la chèvre qu'elle avait tenue un jour contre elle, juste avant qu'elle soit égorgée au temple.

« Reposez-vous maintenant. J'irai vous chercher du vin un peu plus tard chez les voisins », dit-elle en dessinant des cercles du bout des doigts sur son front.

Il ferma les yeux et soudain elles apparurent une à une, toutes ses femmes, encerclant son lit comme des vautours, essayant de toucher son visage de leurs mains volantes.

« Venez donc me voir mourir, bande de chiennes, venez près de mon lit ! », s'écria-t-il, et Mani lui tint la tête plus fort sur ses genoux.

« Nirmala, Uma, Gîta, Draupadi et Shanti. C'est l'ordre dans lequel elles sont venues, dit Mani à voix basse et douce comme si elle lui chantait une berceuse. Dormez maintenant. Elles sont parties. Vous êtes fatigué. Elles vous ont épuisé, ces femmes », murmura-t-elle.

Nirmala, Uma, Gîta, Draupadi, Shanti. Comme elle se rappelait bien chacune d'elles. Nirmala était la plus belle, avec de grands yeux et des cheveux brun doré. Elle était souvent passée devant la hutte de Mani, riant et parlant très fort, toujours enceinte.

« Si seulement il me laissait un peu tranquille. Prenez-vous une autre épouse, je lui dis. Vous êtes trop actif pour une seule femme », avait-elle coutume de raconter quand elles se voyaient au puits. Sa voix alors était douce et contente.

Mani avait entendu ses hurlements quelques jours plus tard, quand le *pradhan* avait amené Uma du village voisin.

« Je vais lui arracher les yeux, à cette sorcière ! Oui, c'en est une ! Vous avez vu la longueur de ses doigts ? Elle le tuera, je le sais, je le sais… » Nirmala criait et courait de porte en porte, implorant tous les habitants du village d'en chasser Uma. Les anciens l'écoutaient en hochant la tête, pendant que leurs épouses lui préparaient du thé fort et bien sucré.

« Quel mal y a-t-il à prendre une seconde épouse ? » disaient-ils. Après tout, le *pradhan* est un homme riche. Il faut bien qu'il dépense son argent d'une manière ou d'une autre. Il possède une grande partie des terres par ici, il a dix-huit vaches et six buffles. Il a acheté une montre en or l'année dernière, qui lui donne la date en même temps que l'heure. Que lui reste-t-il à désirer, sinon une autre femme ? » Ayant ainsi parlé, ils invitèrent Nirmala à reprendre du thé sucré et à retourner chez le *pradhan*.

Bientôt, Nirmala se mit à boire du vin de riz chaque soir. Assise dans la cour, elle injuriait Uma, qui était alors enceinte.

« Crève donc, putain ! Crève en accouchant, perds tout ton sang ! » hurlait-elle d'une voix qui se faisait plus traînante à mesure que la nuit tombait. Bientôt, son visage enfla et se creusa de lignes comme une pâte rassise, ses beaux yeux cessèrent d'étinceler comme jadis quand elle parlait avec ses amies au puits. Elle dormait dans la cour et sentait si mauvais que même ses deux fils ne voulaient plus l'approcher.

Un jour que Mani coupait de l'herbe dans les champs du chef de village, elle trouva Nirmala allongée en travers du chemin, la chemise déchirée, l'écharpe couverte de boue et de taches de vin. Mani alla chercher le *pradhan*, prenant soin de l'amener seul.

« Quelle plaie, cette femme ! Elle avait de si beaux cheveux, doux comme de la soie, et regarde ce qu'elle est devenue ! Pire qu'une vache stérile. Débarrasse-nous-en. Trouve quelqu'un qui la prenne, il n'aura rien à payer, je la lui donne, dit-il en allumant une cigarette avec un briquet qu'il venait d'acheter à la ville. Ça marche au pétrole, le liquide qu'on met dans les voitures pour les faire avancer », lui expliqua-t-il. Tous deux regardaient la flamme bleue qui s'allumait comme par magie.

Derrière eux, Nirmala geignit et tenta de redresser la tête, mais elle retomba aussitôt. Mani lui couvrit le visage de son écharpe pour que les mouches la laissent tranquille. Ses cheveux auburn, étalés autour d'elle sur le sol, chatoyaient.

Le *pradhan* soupira. Il aurait aimé que Nirmala ne partît pas quand Uma était arrivée. Elles auraient pu habiter ensemble et veiller toutes deux sur lui, partageant leurs tâches comme le faisaient ailleurs les épouses.

« Pourquoi Uma est-elle partie ? demanda-t-il. Mani, Mani, pourquoi Uma est-elle partie ? Est-ce elle qui est morte ? murmura-t-il comme si le fantôme d'Uma n'était pas loin.

— Ne parlez pas trop. Essayez plutôt de dormir. Voulez-vous que je vous passe de l'huile d'amandes douces sur le front ? » demanda Mani. Elle avait mal aux mains, et ses yeux se fermaient. La lampe ne brûlait plus qu'à toute petite flamme. Elle ôta la tête du *pradhan* de ses genoux et se leva pour rajouter de l'huile dans la bouteille. Son ombre, projetée sur le mur en deux moitiés séparées, semblait menaçante.

« Mani, ne t'en va pas. Ce n'est pas encore le matin. Pourquoi Uma est-elle partie ? Elle était heureuse avec moi. Je lui avais acheté une chaîne d'or pour quatre cent cinquante roupies. Elle était si jolie. Elle faisait le meilleur *dâl* de tout le village, épais et riche comme du beurre. Mais le *khîr* de Nirmala était meilleur que le sien. Gîta préparait le meilleur curry de viande, et Shanti le meilleur vin de riz. Elle était peut-être bonne cuisinière, elle aussi, mais elle est restée si peu de temps avec moi que je ne me rappelle pas à quoi elle était bonne, sinon qu'elle savait bien masser les jambes pour faire disparaître la fatigue. Seule Draupadi n'était bonne à rien. Je suis sûr que c'est elle qui est morte, c'était une femme inutile. Une incapable, au lit comme aux fourneaux. Mais elle avait de beaux yeux verts », marmonna-t-il avant que la toux le reprenne.

Mani se réveilla en sursaut. A quel moment s'était-elle endormie ? Le *pradhan* remuait sur sa couche, marmottant d'une voix brisée, le visage couvert de sueur. Mani alla chercher un chiffon mouillé pour lui essuyer la face et les bras.

« Oh, Mani, mon laideron, amène-les ! Draupadi, viens ici... Uma, Nirmala, venez me voir ! » s'écria-t-il en repoussant ses mains, la carcasse secouée d'une violente quinte de toux.

Uma, la jolie, la ronde, s'était enfuie avec le cousin du *pradhan* qui était venu de la ville passer quelque temps chez eux. Mani les avait vus ensemble au petit matin, mais n'en avait rien dit à personne. Qui aurait pensé l'interroger, de toute façon ? A sa surprise, Nirmala aussi était partie peu après, bien que sa rivale détestée n'occupât plus le terrain. Elle avait emmené ses deux fils et s'en était allée vivre avec son oncle veuf. Mani la rencontrait parfois, quand elle menait les chèvres à paître dans les collines hautes, derrière leur village. Les cheveux de Nirmala étaient devenus gris, mais elle était encore belle quand elle riait.

« Comment va le vieux bouc ? Il n'est pas encore mort de maladie ? Dis-lui que ses fils attendent après son argent », avait-elle dit un jour à Mani, ses beaux yeux brûlants de haine. Son haleine sentait le vin de riz. Etait-elle une ascète ou un esprit hantant les montagnes ? se demandait Mani. Quant à Uma, elle ne l'avait jamais revue. Gîta venait de temps à autre au village avec ses filles parce que sa sœur y habitait, mais ne passait jamais près de son ancien foyer.

« Maudite soit cette maison ! hurlait-elle en crachant à terre. Que le vieux diable y pourrisse avec sa nouvelle putain d'épouse ! Sorcière aux yeux verts ! » Et tout en proférant ces paroles, elle tournait son beau visage vers la maison du *pradhan* pour que Draupadi l'entende.

Mais ses malédictions étaient périmées. Draupadi et ses yeux verts en amande avaient déjà été remplacés par Shanti, une jeune et jolie fille aux hanches pleines, dans le lit du *pradhan*. Il en avait informé Mani un jour qu'elle partait collecter le revenu de l'herbe coupée sur ses terres.

« Mani, tu es une brave femme, bien que Dieu t'ait faite laide comme une vieille sorcière. Je ne savais pas qu'un aussi beau visage pouvait cacher un tel venin. Cette Draupadi, avec ses yeux verts ! Elle m'a mordu la main quand je lui ai demandé de chauffer du lait pour Shanti, qui n'a pas la force de travailler depuis son accouchement. Elle m'a donné des jumeaux, comme Sîta. Je les appellerai Lava et Kusha [1] ».

Et comme Sîta, Shanti quitta son foyer et son village avec ses fils, mais personne, pas même le *pradhan*, ne sut dire pourquoi. Elle avait toujours semblé heureuse, toujours chantonnant en actionnant la machine à coudre neuve – la seule du village – que le *pradhan* lui avait achetée.

« Je lui ai donné deux *tola* [2] d'or. Je ne l'ai jamais battue, sauf une fois, quand elle a oublié d'allumer ma pipe à eau. J'ai même aidé son abruti de frère à trouver un emploi de fonctionnaire. Les femmes sont des ingrates, pires que des serpents », conclut-il quand Mani lui apprit que Shanti avait ouvert une boutique de tailleur en ville.

---

1. Epouse du dieu-héros Râma dans l'épopée du *Râmâyana* et symbole de l'idéal féminin hindou traditionnel de dévotion à l'époux, Sîta donna naissance aux jumeaux Lava et Kusha, qu'elle éleva dans la forêt après avoir été écartée du palais pour ne pas donner prise aux calomnies. Certains sujets du royaume pensaient à tort qu'elle avait été déshonorée par le démon Râvana dont elle avait été la prisonnière pendant quelque temps, et le devoir de roi (que Râma symbolise) imposait en priorité de ne pas mécontenter son peuple.

2. Un *tola* = plusieurs grammes (poids d'une roupie en argent).

« Heureusement que tu es laide, Mani. Comme ça, au moins, tu ne peux pas faire le malheur d'un homme », avait-il dit avant de partir pour un long pèlerinage à Churdhar, un temple isolé au sommet d'une montagne.

Mani se secoua pour se réveiller. Le *pradhan* était calme à présent, mais elle voyait ses lèvres remuer dans son sommeil.

« Nirmala, Uma, Gîta, Draupadi, Shanti », geignait-il doucement, répétant inlassablement le même refrain, comme un mendiant affamé quémandant une aumône.

Mani entendit croasser un corbeau dans la cour. Le ciel s'éclaircissait, découvrant le contour des montagnes qui émergeaient petit à petit de l'obscurité.

« Je lui ferai du *khîr*, du *khîr* chaud avec des amandes pilées, comme Nirmala. Et aussi un *dâl* noir, plus nourrissant que tous ceux d'Uma. Quant au curry de viande que je vais lui préparer, il n'en aura jamais goûté de meilleur : des morceaux d'agneau tendres et onctueux dans une sauce riche et verte aux épinards. »

Mani se leva tranquillement, prenant soin de ne pas réveiller le *pradhan*, et se dirigea vers la cuisine.

« Je vais bien écraser le gingembre et faire frire l'ail dans du *ghî* de vache. Si je mets les lentilles à tremper maintenant, elles seront bientôt tendres et prêtes pour la cuisson. Je ferai cuire le *khîr* à tout petit feu, après avoir trait les vaches. Tout sera prêt d'ici à midi. Ensuite, je le laverai, je lui mettrai une chemise propre, et je lui donnerai à manger, bouchée après bouchée. La viande sera si tendre qu'il pourra l'avaler sans peine. Je lui donnerai la becquée toute la journée, comme à un moineau nouveau-né. *Khîr*, viande, lentilles noires, jusqu'à ce qu'il meure. Alors ses femmes pourront venir et l'emporter. »

CURRY D'AGNEAU AUX ÉPINARDS

1 kg d'agneau en morceaux
1 cuillère à café de poudre de curcuma
4 oignons râpés
3 clous de girofle
2 cuillères à café de gingembre râpé
2 gousses de cardamome
1 bâton de cannelle
6 cuillères à café de yaourt
1 cuillère à café de sel
4 cuillères à café d'huile
1 cuillère à café de *ghî*
2 tasses d'épinards légèrement cuits, écrasés
2 grosses tomates hachées

Faites chauffer l'huile et le *ghî* dans une casserole à fond épais. Faites frire le gingembre, l'ail, la cardamome, le curcuma et la cannelle. Ajoutez la viande, le yaourt et le sel. Faites frire jusqu'à ce que la viande brunisse légèrement. Ajouter les tomates, une tasse d'eau et les épinards écrasés, et laissez mijoter à feu doux jusqu'à ce que la viande soit tendre. Ce curry aux épinards, avec sa sauce verte et riche, s'accompagne volontiers de riz ou de pain. Allez savoir pourquoi, ce plat est toujours meilleur un jour après sa préparation. Je m'arrange le plus souvent possible pour qu'il en reste à déguster le lendemain.

PURÉE DE LENTILLES *KALI*
*(URAD DÂL *)*

1 tasse de tout petits haricots noirs
4 tasses d'eau
1 pouce de gingembre coupé en lamelles
2 grosses tomates coupées en quarts
3 piments coupés en long
sel
2 cuillères à café de crème fraîche

Ce plat nécessite un long temps de cuisson. Si vous pouvez prévoir, faites tremper les grains toute une nuit pour les attendrir. Puis faites-les cuire dans un autocuiseur avec l'eau et le gingembre jusqu'à ce qu'ils soient cuits. Ils doivent être tendres et se défaire un peu. Si la préparation semble trop sèche, ajoutez-y de l'eau bouillante. Versez les tomates, les piments et le sel. Remuez continuellement jusqu'à ce que l'ensemble soit en purée et qu'on ne distingue plus les grains. Dernière touche d'extravagance, les deux cuillères de crème. Mélangez, retirez du feu. Délicieux avec des *paratha* ou des *chapati*.

Son pesant de sucre

La sauce au chocolat, chaude et sombre, lui dégoulinait sur le visage sans qu'elle puisse la goûter. Elle ouvrait grande la bouche, étirait la langue et tentait de la lécher sur ses lèvres, mais le seul goût qu'elle ramenât était celui de sa crème de beauté au citron. Reshma cracha, toussa, s'éveilla. Elle était seule. Ajay était parti au travail, laissant ses vêtements éparpillés sur le sol. Une serviette de toilette mouillée traînait sur le lit, au niveau de ses pieds. Dans le sillage d'Ajay, tournoyaient les effluves musqués de son after-shave entêtant, l'odeur de son déodorant au citron, celle de son talc pour les pieds et la brise mentholée de son purificateur d'haleine.

Reshma tendit la main vers le miroir posé sur la table de nuit.

« Il va voir cette salope aujourd'hui », dit-elle tout haut en s'adressant à son reflet. En entendant sa voix résonner dans la chambre vide, elle s'aperçut que ses cheveux avaient besoin d'une couleur. Cette fois, elle se ferait faire des mèches tirant sur le blond vénitien, mais pas trop claires, sinon les gens iraient penser qu'elle cherchait à ressembler à l'autre. Par un ridicule et détestable concours de circonstances, l'autre s'appelait aussi Reshma. De toutes les femmes que comptait la ville, dont beaucoup se seraient portées volontaires pour coucher avec son mari, il avait fallu qu'il en choisisse une du même prénom qu'elle. Peut-être cela lui rendait-il les choses plus faciles. Au comble de la passion, il pouvait crier « Reshma… » sans le moindre risque. Chaque Reshma le prenait pour elle-même ou, au pire, ne savait pas à laquelle des deux il pensait. C'était très déroutant. Son humiliation s'en trouvait aggravée, comme si l'autre lui avait volé un peu d'elle-même, en plus de son mari. D'autant que Reshma n'était pas un prénom très courant, comme Gîta ou Madhu. Sa mère l'avait choisi parce qu'il était celui d'une vedette de cinéma qui avait, comme elle, les yeux vert doré.

En interrogeant son miroir, Reshma se sentit comme chaque fois rassurée à la vue de ses yeux verts étincelants. Elle leva la tête, étira le cou, et se tapota doucement le menton du dos de la main. Quand elle la palpait ainsi, sa peau douce, pâle et transparente comme le vieil ivoire ondulait en bourrelets creusés de fossettes et sa chair tressautait comme une gelée. Fallait-il qu'elle ait recours à la liposuccion, si tel était bien le nom de cette chose ?

Tout en étudiant son visage, elle essayait de se remémorer le rêve bizarre qu'elle avait fait cette nuit-là. Elle retrouva de vagues images d'Ajay, gonflant et s'arrondissant comme un ballon d'enfant, qui cédèrent bientôt la place au souvenir prégnant d'une sauce au chocolat que l'on déversait sur elle.

« Je n'aurais pas dû manger ce gâteau hier soir, huit cents calories en une seconde ! Je vais devoir les soustraire aujourd'hui des mille cinq cents autorisées. Il n'en reste donc que... » Reshma tendit la main vers un petit livre mince posé sur la table de chevet et intitulé *Calculez vos calories*. Sur la couverture, une fille blonde en maillot de bain blanc souriait, tenant dans une main un verre de jus d'orange et dans l'autre des feuilles de laitue qui semblaient lui éventer le visage, comme si elle s'était trouvée dans une forêt tropicale. Un énorme bol débordant de salade occupait l'arrière-plan. Reshma ouvrit le livre avec un soupir et se mit à lire en fronçant les sourcils.

« Une livre d'excès pondéral est égale à 3 500 calories, insistait le livre. Si votre excédent de poids est de onze livres, vous avez consommé 11 x 3 500 calories de plus que votre corps n'en a besoin. » Reshma détourna le regard avec un sentiment de culpabilité et ferma le livre. Elle en connaissait les chapitres par cœur car elle le lisait toute la journée et l'emportait partout dans son sac à main. Elle commençait à éprouver envers la fille de la couverture la même haine qu'envers l'autre Reshma. Toutes deux semblaient fusionner dans le même corps avantageux, mince et ferme, qui ne serait jamais le sien. Reshma reposa le livre sur la table et se regarda de nouveau dans le miroir. Froncer les sourcils avait creusé dans son front de fines lignes tordues qu'elle s'empressa d'effacer en ouvrant grands les yeux et en se forçant à bâiller. Elle maintint plusieurs secondes ce sourire béat puis, levant lentement la tête, étira les muscles du cou jusqu'à en avoir mal. Elle poursuivit ses exercices faciaux pendant un moment, souriant comme un clown hystérique, plissant les yeux fermés, tournant le cou de droite et de gauche, gonflant les joues. Enfin, elle se leva et pressa sur le bouton de la sonnette au-dessus de son lit.

« Elle est réveillée. Je ferais mieux d'y aller, dit Amah en se levant lentement. Raha, le cuisinier, la regarda et haussa les épaules.

— Il n'y a pas urgence ! Elle va se mettre à sauter, maintenant. Et hop et boum, et hop et boum, au-dessus de nos têtes. Attends donc qu'elle ait fini. Bois ton thé. Tiens… ça y est, on l'entend. » Amah et Raha, leur chope de thé à la main, levèrent le regard avec inquiétude, comme s'ils craignaient que le plafond ne leur tombe sur la tête. Une vibration pesante et sonore sillonnait la maison en cadence et faisait osciller le plafonnier.

« Un jour, elle va passer à travers le plancher, moi je te le dis, proféra Amah.

— Je sais. C'est pour ça que je ne m'assois jamais sous cette lampe. Viens près de la porte, on y est plus en sécurité, dit Raha. Amah prit sa tasse et le rejoignit.

— Si tu la voyais faire ses exercices faciaux ! La première fois que j'en ai été témoin, j'ai eu une de ces peurs ! Je croyais qu'elle avait une crise d'épilepsie, j'ai couru lui mettre une cuillère entre les dents. Elle a éclaté de rire et m'a expliqué qu'elle faisait ces drôles de grimaces tous les matins pour garder l'air jeune », dit Amah. Raha fit claquer sa langue à deux reprises pour marquer sa désapprobation et sa surprise. Le bruit allait à présent en diminuant. On n'entendait plus qu'un sautillement étouffé venant de l'étage supérieur. Ils avalèrent leur thé à grand bruit, sans quitter de l'œil le plafonnier dans son inquiétant mouvement de pendule.

« Pourquoi mets-tu si longtemps à répondre ? » demanda Reshma d'un ton irascible. Amah ramassa les vêtements éparpillés par terre sans répondre. La journée s'annonçait difficile.

« Monsieur est allé voir la maigrichonne aujourd'hui. Que de parfum ! On doit être mercredi, pensa Amah, qui ne savait ni lire, ni écrire. C'est le jour de laver les serviettes », marmonna-t-elle en se dirigeant vers la salle de bains.

« Pose mon jus là, près du lit. Dis à Raha de ne me donner que des fruits aujourd'hui. Pas de petit déjeuner. Attends... il peut me faire monter un toast, mais sans beurre. Pas une trace, hein, vérifie bien. Et puis, une banane. Non, non, Amah, attends une seconde. » Reshma se saisit prestement du livre de régime sur la table de nuit. « B... B... où est "banane" ? Ah, voilà. "Banane, grosse, 80 calories ;

moyenne, 70 ; petite, 60." Mais ça, c'est pour les bananes anglaises. Les nôtres sont tellement riquiqui, elles doivent faire 60, même peut-être moins, tu ne crois pas, Amah ? Ou alors, si je prenais un œuf dur ? c'est aussi 60 calories. » Reshma se mordilla la lèvre et porta la main à son front pour y effacer d'un geste vif les rides de souci qui menaçaient de se dessiner. Il était si difficile de garder un visage impassible en permanence ! Mais le livre disait que chaque expression faciale amenait une ride supplémentaire. Elle sirota son jus lentement, posant soigneusement les lèvres contre le bord du verre en se composant un visage neutre.

Adossée à la porte, Amah pliait les vêtements. Le parfum que Monsieur utilisait tous les mercredis pour aller voir la maigrichonne lui faisait un peu tourner la tête. Son père, lui aussi, se mettait ce genre d'huile parfumée avant d'aller jouer aux cartes avec ses amis. Un jour, elle en avait dérobé un petit peu. Cachée derrière le bosquet de bananiers près de leur cabane, elle s'en était frotté quelques gouttes sur les bras. Lorsqu'elle était rentrée, sa mère s'en était aperçue immédiatement et avait ramassé le balai pour la battre.

« Tu sens comme une putain ! Qu'est-ce que tu es donc ? Une chienne en chaleur ? Tu veux que les garçons te courent après, te flairent ? » avait-elle hurlé en lui abattant le balai sur le dos. Quand son père était mort, un jour, au beau milieu d'une partie de cartes, Amah s'était précipitée pour prendre la bouteille sur l'étagère pendant que la cabane était remplie de gens venus pleurer le mort et que sa mère, allongée par terre, se frappait la poitrine. Elle l'avait vue, mais n'avait rien dit. Amah avait toujours cette bouteille d'*attar**, enveloppée dans un vieux corsage en soie que Madame lui avait donné. Souvent, elle la sortait et l'ouvrait pour en renifler la senteur de moisi, vaguement éventée.

« Passe-moi mon flacon de lotion pour les mains… Amah ? où es-tu ? Le rose, là-bas… près du talc… » criait Reshma de la salle de bains. En ouvrant la porte pour lui tendre le flacon, Amah aperçut brièvement ses seins rebondis, blancs, veinés de fines lignes bleu-vert, semblables à deux jeunes pastèques.

« Pourquoi est-ce qu'elle ne plaît pas à Monsieur ? » se demandait-elle en faisant le lit. Madame ressemblait comme deux gouttes d'eau à la déesse du calendrier qu'elle avait vu dans la chambre de Raha, dans l'aile des domestiques. Grande, bien en chair, avec des cheveux couleur de flamme qui tombaient en cascade jusqu'à son ample postérieur, tout en boucles épaisses et serpentines. Parfois, le matin, elle n'était pas très belle, mais Monsieur, toujours pressé de partir à cette heure-là, ne la voyait jamais dans cet état, les yeux gonflés, avec un drôle de masque blanc sur le visage, comme un cadavre après onction. Elle avait une tout autre allure quand elle sortait avec Monsieur le soir, vêtue de soie et de joyaux comme une princesse, les joues d'un rose chatoyant, les lèvres rouge sang.

« Si seulement elle n'avait pas les yeux verts, pensait Amah en regardant Reshma debout en robe de chambre devant son miroir, elle aurait eu plus de chance. » Sa mère disait que les femmes aux yeux verts étaient les créatures du diable, et les hommes aux yeux verts, le diable en personne. Dans leur village, il n'y avait qu'une femme aux yeux verts. Elle s'était noyée dans le puits pendant les fêtes de Holi. Les gens disaient que la pleine lune l'avait rendue folle. La maigrichonne que Monsieur aimait tant avait les yeux noirs et la peau brun noisette. Le mercredi, en allant au marché, Amah l'avait vue souvent passer en voiture avec lui.

« Amah, est-ce que tu crois que j'ai maigri ? Regarde... ici, un petit peu aux hanches. Tu vois, Amah ? demanda Reshma, tordant le cou pour s'examiner de dos. Mais Amah regardait ailleurs et continuait de border le lit tandis que Reshma se scrutait de tous les angles possibles dans le miroir en pied.

— Pourquoi essayez-vous toujours de maigrir ? Vous êtes si bien portante. Et mère de deux beaux fils. Vous devriez être grasse et heureuse comme une reine », marmonna Amah en lissant le dessus-de-lit du plat de la main.

C'étaient ses deux fils, plus une fausse couche, qui avaient tant fait grossir Reshma. Après chaque grossesse, elle avait dû suivre un régime draconien pour retrouver son volume antérieur. Et chaque fois, les centimètres s'incrustaient un peu plus, étreignant son corps comme un python qui ne relâchait jamais son étreinte. Elle avait à présent quarante-quatre ans, et la graisse s'était comme cimentée dans sa chair. Quoiqu'elle tentât, les couches ne voulaient plus rien savoir pour fondre. Elle jeûnait, se nourrissait de jus de fruits pendant des semaines, jusqu'à voir des taches noires danser devant ses yeux. Elle faisait une heure d'exercice par jour, suant comme une truie, le cœur battant parfois si fort qu'elle le croyait prêt à déchirer son collant de lycra en explosant. Elle essaya le jogging, mais ses seins ballottaient tant qu'ils lui faisaient mal. Et Ajay ne voulait rien savoir pour qu'elle l'accompagne quand il partait faire le sien.

« Tu es très bien comme ça, mon poupon dodu, mon gros bébé. J'aime bien un peu de chair. C'est agréable de pouvoir tenir quelque chose de doux », disait-il en lui donnant une tape sur le postérieur. Mais elle savait que l'autre Reshma était mince comme un garçon. Elle n'avait ni seins, ni fesses, rien, et Reshma avait vu ses côtes saillantes un jour qu'elle dansait avec Ajay, accrochée à lui comme un bébé singe rachitique.

« C'est juste une histoire de sexe. Ne te mets pas dans tous tes états, tu vas prendre des rides, lui avait conseillé son amie Mimi. Sois triste si tu veux, bien que je ne voie aucune raison pour que tu pleures sur ce salaud, mais garde le visage neutre. Aucun homme ne vaut une nouvelle paire de pattes d'oie », avait-elle ajouté. Reshma essaya de sangloter sans se défaire les traits, tandis qu'elles jouaient des coudes côte à côte sur leurs tapis de jogging.

Elles se rencontraient un matin sur deux au gymnase, puis prenaient ensemble un café – édulcoré aux sucrettes. Mimi n'était pas mince, mais elle avait deux bons kilos crève-cœur de moins que Reshma, et ses fesses étaient aussi fermes que celles d'un footballeur.

« Mon seul moment de vrai bonheur, c'est quand je suis sur le tapis de jogging. Je me fiche de savoir avec qui Rajan couche. Tout ce que je veux, c'est perdre cinq centimètres de plus de tour de taille. A ce moment-là, je pourrais mourir tout à fait heureuse, intégralement accomplie », répétait Mimi, essoufflée, pendant qu'elles faisaient leurs abdominaux. Ce jour-là, Reshma essaya de soutenir son rythme, mais après les dix premiers mouvements son cœur battait si fort qu'elle crut avoir une crise cardiaque, là, sur le sol du gymnase. Elle se voyait étendue sur le tapis à rayures, le regard de ses yeux morts figé au plafond, tandis que Mimi et les autres poursuivaient leurs exercices.

« Est-ce qu'Ajay épouserait cette salope rachitique ? Non, sûrement pas. Il préférerait jouer sur tous les tableaux, enfin débarrassé d'une épouse grosse et laide », pensait-elle, et, sentant les larmes lui monter aux yeux, elle se remit aux abdominaux, comptant lentement à reculons, ravalant ses pleurs et luttant pour garder le visage net de rides.

Sur le chemin du retour, Reshma vit que les boutiques avaient installé des étalages de pétards sur le trottoir.

« C'est Dîvâlî[1] la semaine prochaine. Si seulement les garçons pouvaient revenir de pension ! On pourrait faire une grande fête de famille, avec pétards et feux d'artifice, et on danserait. Comme avant. » Ajay n'aimait pas jouer aux cartes, si bien qu'ils ne sortaient jamais pour Dîvâlî, sauf pour aller adresser leurs bons vœux à ses parents. Reshma fut soudain saisie d'une crampe de faim en passant devant des boutiques qui débordaient de sucreries multicolores jusque sur le trottoir.

L'eau lui venait à la bouche alors qu'elle retrouvait le goût de chaque friandise dans sa mémoire. Il y avait là des *gulab jamun* brillants de sirop – 120 calories l'unité – qui fondaient dès qu'on les faisait rouler dans la bouche. Reshma leur préférait le sombre *kalajamun** à peau épaisse, dont on pouvait mâcher un moment la croûte craquante. Et puis, il y avait de tout petits *laddu* orange – 250 calories – faits de grains de pâte sucrée *(bundi)*, qu'elle aimait manger en dessert, des *imrati** orange, tourbillons de pur délice – 200 calories –, des *rasmalai** de rêve flottant dans un lait au safran – 300 calories. Reshma avala sa salive et prit une profonde inspiration comme le conseillait son livre de régime.

Pour résister à la tentation, respirez profondément et rappelez-vous quel poids vous vous êtes promis d'atteindre. Le désir de manger se retirera.

---

1. Voir note p. 25.

Quand elle était enfant, son père l'emmenait dans les patisseries et lui permettait de choisir toutes les sucreries qu'elle voulait. Elle se dressait sur la pointe des pieds pour regarder à travers la vitrine derrière laquelle s'étalait un choix éblouissant de sucreries blanches, roses, orange, vertes et jaune d'or. Il y avait là des *berfi** aux noix de cajou et aux pistaches, des *laddu* orange pâle, des *malpua** fins, brun caramel, flottant dans le sirop, des *balushahi** délicats et légers comme la plume, du halva de Karachi sucré, caoutchouteux, des *dil bahar** en forme de cœur, des *patisa** subtils et dorés, des *channa murki** glacés au sucre, des *rasbhari** minuscules, blancs, fondants de douceur, et des *kalakand** compacts, à mâcher longtemps. Elle les désignait un à un du doigt et le vendeur, les mains collantes de sirop de sucre, les déposait tous dans une grande boîte en carton. Quand elle était pleine, il la pesait méticuleusement, rajoutait un ou deux *berfi*, puis l'enveloppait dans un papier brillant, rouge et or. Le pâtissier, qui connaissait bien son père, se penchait par-dessus son comptoir pour offrir à l'enfant des sucreries qu'elle refusait toujours, à son grand amusement.

« C'est une reine, monsieur, une petite reine difficile à contenter », disait-il et les deux hommes riaient bruyamment au-dessus de sa tête. Elle ne comprit jamais ce qu'elle avait fait pour les rendre si gais et heureux.

Elle arrêta la voiture et sortit. Quel mal y avait-il à manger quelques sucreries ? C'était Dîvâlî, après tout, une fête religieuse en l'honneur de la déesse Lakshmi. Elle devait manger quelque chose de sucré, un petit *laddu* peut-être, juste pour faire plaisir à la déesse.

« Pour perdre vos quinze livres en excès, vous devez manger 15 x 3 500 calories de moins que votre corps n'en utilise », conseillait le livre dans sa tête. Mais elle fit vite la sourde oreille. Peut-être juste un petit *berfi*. Il fallait qu'elle mange une sucrerie tout de suite. S'en priver alors qu'on fêtait Dîvâlî, c'était commettre un acte néfaste. Qui sait ce qui pouvait lui arriver si elle ne respectait pas le déroulement coutumier des célébrations ? Sucreries. Flammes aux lampes à huile. Prières et offrandes à la déesse. Sucreries. Ajay s'enfuirait avec la maigrichonne ou, pire encore, il arriverait malheur à ses fils. Ils rateraient leurs examens, par exemple.

Reshma entra d'un pas vif dans la boutique et se fraya un passage difficile à travers la foule des clients venus acheter des confiseries, pour atteindre la table où se trouvaient les boîtes à remplir. Elle en prit une. Les gens la bousculaient en se propulsant avec avidité vers les sucreries étalées sur la table. A côté d'elle, une femme qui tenait une boîte remplie de *berfi* recouverts d'une fine couche d'argent lui murmura à l'oreille : « Achetez les *berfi*, ils sont tout frais. » Là, au milieu de la mêlée, dans la foule bruyante, regardant l'étalage des confiseries parfumées et suintant de sucre, elle se sentit étrangement heureuse, comme si tous ceux qui l'entouraient étaient de vieux amis.

« Il vaudrait mieux que je n'en achète pas beaucoup. Mais si des amis passaient à la maison ? Et les domestiques ? Eux aussi s'attendent à ce qu'on leur offre des confiseries pour Dîvâlî. Le régime attendra. D'ailleurs qui suit un régime à Dîvâlî ? Seulement les athées », pensait-elle.

« Ne réfléchissez pas, goûtez-en un, ma sœur, goûtez-en un », lui cria le vendeur en lui tendant d'une main couverte de sucre un *berfi* que Reshma prit et introduisit prestement dans sa bouche. La douceur familière du lait cuit, compact, crémeux, parfumé à la cardamome et aux amandes, lui envahit la bouche et descendit en un éclair jusqu'à ses orteils. Déjà, ses deux mains avides plongeaient vers le plateau de *berfi* frais et moelleux.

Quand elle revint, la voiture d'Ajay était parquée au garage. Pourquoi était-il rentré si tôt ? Peut-être l'autre l'avait-elle abandonné pour partir avec un homme plus jeune, plus riche, plus mince et célibataire. Peut-être avait-il eu une alerte cardiaque au bureau et, pris de peur et de culpabilité à l'idée de mourir dans le péché, s'était-il empressé de revenir lui demander pardon. Peut-être avait-il regardé sur son bureau la pendulette qu'elle lui avait offerte pour son anniversaire et brusquement pris conscience de l'amour qu'il lui portait, bien qu'elle ait vraiment un peu trop grossi, et était-il venu le lui dire avec un cadeau. Reshma pénétra dans la maison, les boîtes de confiseries à la main, et vit le pardessus de son mari jeté en travers d'une chaise. Elle l'entendait hurler au téléphone dans la pièce voisine. Prise d'une panique subite, elle courut cacher les boîtes dans le placard, juste au moment où Raha sortait de la cuisine. Ils se regardèrent, puis Raha, fermant la porte du placard avec un petit déclic, lui demanda si elle voulait un thé.

« Pourquoi veut-elle mincir ? Pourquoi veulent-ils mincir tous les deux ? demanda Raha à Amah pendant qu'ils écossaient ensemble les petits pois dans la cour. Regarde Monsieur. Il arpente la rue tous les matins en courant comme s'il avait un chien enragé aux trousses. Pour un peu, les gens le suivraient en croyant qu'il y a le feu chez lui, dit Raha. Madame jeûne toute la journée, et après cela elle sort s'acheter une montagne de confiseries. Elle saute comme une acrobate de cirque au-dessus de nos têtes pour perdre du poids. Des gens riches et bien portants comme eux, pourquoi veulent-ils ressembler à des épouvantails ? Quand on arrive à gagner de l'argent, le meilleur moyen de le montrer, c'est par son ventre, dit-il en tapotant affectueusement sa bedaine moelleuse.

— Dans mon village, la femme du prêtre pesait autant que trois sacs de grain. Elle pouvait boire d'un trait un plein verre de *ghî*. On voulait toutes être comme elle, une déesse au visage de pleine lune, avec un triple menton et un ventre doux et généreux où les enfants peuvent jouer à cache-

cache, renchérit Amah. Tu sais, je crois qu'ils ont peur d'avoir l'air vieux, ajouta-t-elle après coup. Raha hocha la tête.

— Mais quand on est vieux, il est normal d'avoir l'air vieux, répondit-il. Les gens vous respectent, vous touchent les pieds. Pour moi, tout ce que je gagnais à être jeune, c'était des claques, de mon père, de mes oncles. Ils me giflaient sans raison chaque fois qu'ils me croisaient. Toute la journée on me commandait, d'aller chercher ci, d'aller chercher ça. "Envoie-le au puits… à l'étable… aux champs… au marché… c'est lui le plus jeune." Je dormais dans la pièce la plus petite de la maison près de l'étable, avec mes frères. On ne mangeait qu'après mon grand-père, mon père et mes oncles. Parfois ma mère rajoutait de l'eau au *dâl**, parce qu'il n'en restait pas assez pour nous tous. Si nous protestions, elle disait: "Ce sont des adultes, eux. Ils ont besoin de manger plus que vous". J'avais hâte de vieillir. Maintenant tout le monde me traite avec respect. Personne n'ose élever la voix contre moi et même Monsieur et Madame me disent vous, dit Raha avec un soupir satisfait. Au marché des légumes, les vendeurs me servent en premier, et les garçons attendent. Pour rien au monde je ne voudrais redevenir jeune », conclut-il.

Amah acquiesça de la tête. Elle aussi était contente d'être vieille car à présent elle se sentait en sécurité. Les hommes, dans les maisons où elle travaillait, la laissaient tranquille, et elle pouvait dormir la porte ouverte. En avait-il fallu du temps, pour vieillir ! Des années de combat contre les mains qui cherchaient à la toucher, à la pincer, dans les cuisines et les couloirs de toutes les maisons où elle avait vécu. Si vous vous plaigniez auprès des patronnes, elles n'aimaient pas cela et vous regardaient avec suspicion, comme si vous l'aviez cherché. Parfois, les patrons la frôlaient en passant pendant qu'elle faisait le lit ou qu'elle lavait par terre. Un jour, un invité de la maison où elle travaillait était sorti de la salle de bains vêtu d'une serviette de toilette et s'était campé devant elle :

« Sèche-moi le dos », avait-il ordonné, couvert sur tout le corps d'un poil noir et bouclé, en lui souriant comme un grand singe. Elle s'était enfuie de la chambre en pleurant.

Oui, c'était bon d'être enfin vieille, d'avoir le visage décharné et ridé. Tout le monde vous appelait *amah**. Les hommes étaient plus gentils avec vous et les patronnes vous aimaient mieux.

« En trente jours, vous aurez perdu onze livres parce que vous aurez absorbé 39 000 calories de moins. Continuez à vous limiter à 1 000 calories par jour pendant dix à quinze jours. Vous aurez alors atteint votre poids désiré de 128 livres. »

Reshma posa le livre et tendit la main vers un autre *berfi*. Elle entendait Ajay chanter dans la salle de bains. Sa valise, bouclée, reposait sur le lit.

« Je pars pour le week-end. Une conférence imprévue. Je voulais envoyer Ahuja, mais il ne pouvait pas se libérer parce que sa femme est malade, ou quelque chose comme ça, avait-il expliqué en hâte. Reshma savait qu'il mentait, comme d'habitude. La maigrichonne était du voyage, de toute évidence, puisqu'il emportait des slips neufs de chez Marks and Spencer. Ils trônaient sur la valise, à côté des dossiers, leur bleu éclatant proclamant son infidélité. Je reviendrai le soir de Dîvâlî. On ira embrasser maman et papa », dit-il en lui posant un baiser sur le front. Et après lui avoir appliqué au passage sur les fesses une claque espiègle qui résonna dans la chambre avec le bruit d'un dauphin faisant un plat en touchant l'eau, il quitta la pièce.

« Il est parti avec elle pour toujours ! gémit-elle au téléphone, tordant le fil entre ses doigts.

— Ecoute, espèce d'idiote, il ne te quittera pas. Ils ne le font jamais. Ils ont trop peur de ce que dirait leur mère. Tu imagines Ajay amenant l'autre chez ta belle-mère ? Il ne fume même pas en sa présence, dit Mimi.

— Mais mon beau-père l'accepterait peut-être chez eux, lui. Il aime les jeunes femmes, répondit Reshma dans un sanglot. Elle voyait la scène, Ajay et sa nouvelle épouse accueillis par le vieil homme, Ajay fumant une cigarette et soufflant des ronds de fumée au visage de sa mère.

— Viens au club santé, tu iras mieux tout de suite, dit Mimi, essayant de lui communiquer son enthousiasme. Aujourd'hui, ils ont encore fait venir un hypnotiseur, tu sais le type... Swami quelque chose... Il est incroyable. Il peut entraîner ton mental à arrêter de manger. Il te regarde pendant trente secondes avec ses grands yeux noirs, style Omar Sharif, et zou, l'envie de manger disparaît. Tu te mets à penser à des choses plus sérieuses, plus élevées, du genre, tu sais, les pauvres, la philosophie, tout ça, conclut-elle.

Reshma reprit un *berfi*.

— Est-ce qu'il vous fait faire du travail social ? Je ne m'en sens pas la force ces jours-ci, surtout avec ce régime hypocalorique.

— Il ne fait rien faire du tout. Tu fermes les yeux et tu penses à des choses moins matérielles. Sonia a perdu cinq kilos en quinze jours. C'est vrai qu'elle a les seins qui tombent un peu, maintenant. »

Reshma soupesa sa plantureuse poitrine en la soulevant légèrement à deux mains. « Oui, oui... je vais venir », dit-elle en mâchant lentement la confiserie, laissant le fondant s'attarder aux commissures de ses lèvres.

Le jour de Dîvâlî arriva. Ajay appela pour prévenir qu'il reviendrait tard.

« Ne m'attends pas. Va directement chez maman, je vous y rejoindrai », dit-il au téléphone, d'une voix qui débordait de bonheur. Tout en buvant un verre de jus, puis en faisant sa culture physique, Reshma essayait d'oublier ce ton joyeux. Elle n'avait rien à faire. Le club santé était fermé, et Mimi occupée par sa vie de famille.

« Je ne vais pas penser à eux deux. Je ne vais pas penser à manger... ni repas, ni confiseries », se répétait Reshma tout en marchant, désemparée, à travers la maison, évitant le placard où étaient enfermées les sucreries. Elle tentait de se remémorer ce que l'hypnotiseur lui avait dit, mais les longs poils blancs qui s'échappaient de ses narines étaient tout ce qu'elle se rappelait de lui. « Je vais faire un peu de ménage. Après tout, c'est Dîvâlî aujourd'hui », pensa-t-elle. Et s'emparant d'un chiffon tout neuf, elle se mit à traquer la poussière sur tables et chaises. La maison était vide. Elle entendait éclater des pétards chez les voisins.

Les garçons auraient pu revenir de l'école si Ajay était allé les chercher. Raha était parti chez lui par un bus, au petit matin. Amah était dans la cuisine où elle préparait du *prasad*[1] pour le rituel qu'elle allait accomplir le soir. Partout où Reshma cherchait quelque chose à nettoyer, un arôme de cardamome écrasée la suivait. Un îlot de poussière attira son attention sur la bibliothèque. Elle se précipita dessus avec avidité, faisant voleter et claquer son chiffon.

« Ne pense pas aux pâtisseries, ni à rien de comestible. Verrouille ton esprit. Tu pourras manger à ta faim après le rituel », se dit-elle comme une mère cherchant à apaiser son enfant. La cuisine et la salle à manger où se trouvait le placard aux sucreries étaient devenues territoires ennemis. Elle prenait soin de les éviter, faisant lentement le tour de toutes les autres pièces à pas mesurés, pour passer le temps. « Peut-être devrais-je faire encore un peu d'exercice, pensait-elle, mais cela décuplera

---

1. Nourriture d'offrande aux divinités, redistribuée pour être mangée.

ma faim. » Non, il valait mieux s'asseoir et rester tranquille. Regarder la télé, peut-être. Mais ce jour-là, toutes les chaînes montreraient des gens en train de célébrer Dîvâlî en mangeant des confiseries, des confiseries dans des boutiques, des femmes préparant des confiseries pour leur mari et leurs enfants. Reshma s'assit sur le lit, saisit son livre de calcul de calories et soudain l'image d'Ajay et de ses fils surgit dans son esprit. Elle ferma le livre, le jeta par terre et éclata en sanglots.

Il était tard quand Amah la trouva. La maison brillait de toutes les flammes des lampes à huile qu'elle avait placées le long du mur de la terrasse. Elle avait passé la journée à torsader des centaines de mèches de coton minuscules, qu'elle avait déposées une par une dans les petites lampes emplies d'huile de moutarde. Au coucher du soleil, elle avait accompli son rituel, puis allumé les lampes, sauf celles de l'allée pour que Madame le fasse elle-même. Le ciel, où éclataient des cascades de pétards et de fusées, laissant derrière eux une traînée de fumée, était d'or et d'argent. Des cierges étincelants brûlaient tout autour d'eux et lorsqu'une explosion retentit dans le jardin voisin, Amah se boucha les oreilles. Monsieur n'était pas encore rentré et Madame dormait à poings fermés, le visage sillonné de folles embardées de lumière émanant des pétards et des feux d'artifice. Bien que la pièce fût plongée dans l'obscurité, Amah aperçut le livre de Madame par terre, pages déchirées et froissées.

Elle sauça son assiette avec le dernier morceau de la *paratha* avant d'en prendre une autre sur la pile énorme. Celle-là était au chou-fleur. Reshma mâchait lentement, et tout en mangeant elle voyait la graisse de son corps fondre comme l'eau d'un glaçon. Le ruisseau de graisse formait sur le sol de la chambre une flaque dont les contours dessinaient un beau motif de feuilles. Reshma caressa son ventre mince et approcha d'elle un bol de lentilles au beurre. Comme il n'y avait pas de cuillère, elle le but d'un trait. Puis elle attrapa les *samosa* aux petits pois, les envoyant un à un dans sa bouche comme un jongleur. Elle était entourée de bols de *khîr*, de halva, de montagnes de *berfi*, *laddu*, noix de cajou, amandes et *rasmalai*. La graisse s'écoulait plus vite à présent, et tandis que le volume de son corps diminuait, elle s'élevait en l'air. Dans le bruyant feu d'artifice qui éclatait alors, Ajay criait de joie et la soulevait dans ses bras, la lançait en l'air et la rattrapait comme si elle était un petit enfant. Elle rit à voix haute et ouvrit les yeux. Amah lui secouait le bras.

« Je vous ai apporté du *prasad* », dit-elle en lui présentant une assiette de halva luisant.

Reshma se dressa sur son séant et arracha l'assiette des mains d'Amah. Elle enfourna dans sa bouche le halva sucré et gras avec gloutonnerie, le mangea jusqu'à la dernière miette et jeta l'assiette vide au loin. Une folie insouciante balayait tout en elle. Elle attrapa Amah par la taille.

« Dîvâlî, Dîvâlî ! Allons faire la fête ! » criait-elle comme une enfant. Vêtue seulement d'un jupon et d'un corsage, elle entraîna Amah jusqu'à la salle à manger, ouvrit grandes les portes du placard et sortit les boîtes.

« Mangeons, Amah, mangeons ! mangeons ! mangeons ! » s'écria-t-elle en saisissant une poignée de *laddu*. Lorsque sa bouche en fut pleine, elle en déposa d'autorité dans les mains d'Amah. Puis, sans lâcher la boîte, elle se précipita vers la cuisine, saisit le bol de halva et se mit à le vider avec ses doigts recourbés en cuillère. « Viens, Amah, viens. Prends-en, n'aie pas peur. On ne peut jamais grossir. C'est Dîvâlî. Mangeons... mangeons... mangeons ! » Elle riait. Un pétard explosa non loin de la maison, et elle se couvrit les oreilles de ses mains.

Après avoir épuisé toutes les sucreries des boîtes, Reshma s'attaqua au réfrigérateur, qu'elle vida de tous les récipients contenant des restes. Elle fit asseoir Amah à table et l'obligea à l'accompagner. La vieille femme, qui ne pouvait la regarder en face, gardait la tête baissée. Puis Reshma courut chercher des chocolats dans sa chambre. Amah n'aimait pas le goût du chocolat. Ceux-là contenaient un liquide brun éventé. Pourtant, elle en prit un afin que Madame ne soit pas fâchée. Amah ne l'avait jamais vue dans cet état ; elle ne savait pas à quoi s'en tenir.

Après une heure entière passée à ingurgiter tout ce qui lui tombait sous la main, y compris le sucre du sucrier, Reshma s'arrêta brusquement et se mit à pleurer en silence. Amah ne savait que faire. Elle aurait voulu la toucher, lui tenir la main, mais elle n'osait pas. Alors elle prit un morceau de gingembre frais et le coupa en menus morceaux pour préparer un thé. Elle ajouta de la cardamome pilée et un clou de girofle, du lait et quatre cuillerées de sucre, deux pour chacune. Reshma la regardait remuer lentement le liquide qui chauffait avec une longue cuillère. Peu à peu, tandis que le thé commençait à bouillir, ses larmes cessèrent. Affalée sur la chaise comme une poupée de chiffon, elle ramassait des miettes de *laddu* tombées sur son corsage. De dehors leur parvenaient des bruits de pétards et, de temps à autre, une étoile d'argent venait s'abîmer dans le jardin. Elles burent le thé au gingembre, tandis qu'Amah chantonnait sans souci de mélodie :

Rose comme un lotus, dodu comme la pleine lune,
Souris, mon petit ange, Maman te prépare un bon
lait d'amandes...

KHŽR À L'ORANGE

2 litres de lait
100 g de lait concentré séché
2 tasses de tranches d'oranges coupées en morceaux
1/2 tasse de sucre

Faites bouillir le lait et laissez-le réduire de moitié. Ajoutez le sucre, remuez. Mélangez le lait concentré séché et ôtez du feu. Quand le liquide a refroidi, ajoutez les morceaux d'orange. Mettez à refroidir, décorez de fines lamelles de zest d'orange et servez. On peut remplacer les oranges par 100 g d'amandes mondées et pilées, à ajouter avant de retirer du feu, pour préparer un délicieux lait d'amandes.

BOISSON CHAUDE AU GINGEMBRE ET AU MIEL

Prenez cinq lamelles fines de gingembre frais, cinq feuilles de basilic (variété *tulasi*), cinq clous de girofle, cinq grains de poivre et une petite gousse de cardamome. Faites bouillir les épices et le gingembre dans deux tasses d'eau. Laissez réduire de moitié à feu doux. Le liquide a alors pris une couleur brun clair. Ajoutez une cuillerée de miel et sirotez lentement, en inhalant l'arôme délicieux. Cette décoction est ma panacée. J'y ai recours contre la toux et le rhume aussi bien que contre le chagrin et les crampes de faim…

Glossaire

u *se prononce* ou. *L'accent circonflexe transcrit la voyelle longue.*

Ajwain. Sorte de petit cumin noir.
Alu methi. Pommes de terre aux graines de fenugrec.
Amah. Nourrice ou garde d'enfants à domicile, souvent une domestique très proche de la famille.
Amchûr. Poudre de mangue séchée.
Amchûr alu. Pommes de terre à l'*amchûr*.
Attar. Huile parfumée.

Babul. *Acacia leucophloea* (Roxb. Willd.).
Balushahi. Mélange de farine, de yaourt et de *ghî*, roulé en boule, frit dans du *ghî* et plongé dans un sirop de sucre.
Begun bhaja. Aubergines frites. Recette p. 85.
Berfi. Pâtisserie à base (le plus souvent) de lait concentré séché, cuite à feu doux. Il en existe de nombreuses variétés.
Bhaiya. Frère.
Bharta. Recette d'aubergines, donnée p. 83.
Bidi. Petite cigarette faite de quelques grains de tabac roulés dans une feuille d'arbre séchée, et liée par un fil.

Bindi. Cercle de poudre ou pastille collante rouge que les femmes portent au milieu du front.
Biryani. Riz parfumé au safran, à la cannelle et aux épices, souvent cuite avec une viande (poulet, agneau). Recette aux épinards p. 72.
Bua. Tante paternelle.
Bundi. Minuscules boulettes de farine de pois chiche, salées ou sucrées.

Chachi. Femme du frère cadet du père.
Channa murki. Petites boulettes de lait concentré séché cuit avec du sucre.
Chapati. Disque de pâte, petit et fin, fait de farine de blé et d'eau, mis à cuire à sec sur une plaque ; accompagnement très courant des plats en Inde du Nord.
Charpoy. Lit fait d'un cadre de bois sur pieds, tendu de cordes, encore en usage, et surtout utilisé à l'extérieur, pour s'asseoir ou s'étendre.
Choley. Pois chiches cuisinés en recette salée.
Chidwa. Grains de riz desséchés et aplatis, mangés crus.

Dadi. Grand-mère.
Dahi. Yaourt.
Dâl. Terme générique désignant certains pois et lentilles, et le plat confectionné à base de ces derniers.
Dâl makhani. Plat de lentilles jaunes préparé avec tomates, beurre et crème fraîche.
Deodar. Variété de cèdre, *Cedrus deodara* G. Don (pinacées).
Dhoti. Longue pièce de tissu blanc que les hommes portent enroulée autour de la taille et descendant jusqu'aux pieds, la relevant parfois entre les jambes.

Dîya. Lampe à huile en terre cuite.
Didi. Grande sœur (terme d'adresse respectueux).
Dil bahar. « Joie de mon cœur », pâtisserie à base de lait concentré séché, roulée en forme de cylindre et parfumée au safran.
Doi maach. Poisson au yaourt. Recette p. 139.

Ekadashi. 11e jour du mois lunaire. En rappel de l'intervention du dieu Vishnou, qui sauva ce jour-là l'humanité, les hindous pratiquants, et plus particulièrement les Vishnouïtes, se soumettent à un jeûne partiel ou total.

Ghî. Beurre clarifié (cuit et écumé).
Gulab jamun. Boulette de lait concentré séché mélangé à de la farine, frite dans du *ghî*, puis plongée dans un sirop de sucre parfumé au safran et à la cardamome.

Halvai. Pâtissier, traiteur, cuisinier de circonstance.

Imrati. Variété de *jalebi*, sans yaourt, dessiné en forme de fleur à sept pétales.

Jalebi. Beignet sucré à base de farine de blé, de pois chiche et de yaourt, parfumé au safran.
Jal jîra. Litt. cumin à l'eau; infusion souvent additionnée de tamarin.

Kachori. Sorte de *samosa* de forme ronde.
Kalajamun. Préparation semblable à celle du *gulab jamun*, mais à proportion réduite de lait concentré, remplacé par du *cottage cheese*.
Kalakand. Carré de *panîr* de bufflesse sucré, souvent parfumé au safran.

Kali dâl. Purée de lentilles aux tomates. Recette p. 170.
Khattey choley. *Choley* aigre. Recette p. 127.
Khichdi. Mélange de riz et de lentilles cuit à feu très doux, donné à manger aux malades.
Khîr. Sucrerie semi-liquide ou liquide à base de riz ou de lait concentré séché. Il en existe de nombreuses variétés. Recette (à l'orange) p. 194.
Kofta curry. Curry de boulettes de viande.
Kulfi. Dessert glacé à base de lait concentré séché, agrémenté de morceaux de pistaches et parfumé au safran.

Laddu. Pâtisserie ronde, à base de farine de pois chiche le plus souvent (ou parfois de semoule, lait concentré, farine de blé), parfumée à la cardamome, soit au safran, soit à l'essence de rose, ou agrémentée de noix de cajou, raisins secs, etc.
Luchi. Nom que l'on donne au *puri* quand il est fourré.

Malpua. Pâtisserie faite de lait concentré séché, cuite et trempée dans un sirop de sucre.
Masâla. Mélange d'épices, différent selon la recette qu'il agrémente.
Masi. Sœur cadette de la mère.
Mishti. Lait bouilli additionné de sucre caramélisé ou de sucre de palme avant de le faire prendre en yaourt (Bengale).
Mûng. Pois de soja.

Nân. Galette de farine de blé accompagnant souvent légumes et viandes.
Nimki. Pâte à base de farine et de beurre, salée, coupée en petites lamelles et frite. Se mange en dehors des repas.

Pakora. Beignet de légumes. Recette p. 38.

Panîr. *Cottage cheese*, de consistance solide et découpé en morceaux.

Panjiri. Farine de blé complet mélangée à du *ghî*, des amandes et des fruits secs, cuite à la flamme d'une bougie, donnée à manger aux femmes enceintes pour faciliter la montée du lait.

Paratha. Galette à base de farine de blé ou de maïs pliée plusieurs fois et enduite d'huile entre chaque pli, ce qui lui confère une consistance feuilletée lorsqu'elle est mise à cuire sur une plaque avec un petit peu d'huile.

Pasanda kebab. Côtelettes d'agneau marinées avec des amandes, de la crème et des épices, puis grillées.

Patisa. Mélange de farine de blé et de farine de pois chiche, lié par du *ghî* et frit avant d'être incorporé à du sirop de sucre et formé en rouleaux.

Phalsa. Petite datte rouge, fruit du *Grewia subinaequalis*.

Phalse ka ras. Jus de *phalsa*. Recette p. 54.

Phulka. *Chapati* placé dès qu'il est cuit sur des braises ; la pâte gonfle aussitôt.

Phulmakhani. Graines de lotus frites au beurre.

Pradhan. Chef de village.

Puri. Disques de farine de blé mis à gonfler à la friture dans l'huile bouillante.

Pulao. Le terme, courant, désigne assez vaguement un plat de riz épicé mélangé à des légumes ou à de la viande, qui peut prendre différentes formes selon les régions.

Raita. Salade de légumes (oignons, tomates, concombres, seuls ou en mélanges) coupés fin dans du yaourt.

Rabri. Pâtisserie à base de lait de bufflesse, concentré, sucré, parfumé au safran.

Rakhi. Jour au cours duquel les femmes passent au poignet de leurs frères ou de ceux qu'elles considèrent comme tels un bracelet de fils colorés. Ces hommes leur promettent protection et leur font des cadeaux.
Rasbhari. Boulettes de lait concentré séché cuit avec du sucre.
Rasgulla. Boulette de *panîr* dans un sirop parfumé à l'essence de rose.
Rasmalai. *Rasgulla* mis à bouillir dans du lait de bufflesse.
Reshmi kebab. Brochette de viande très tendre.
Roghan josh. Curry d'agneau, riche et lourd.

Samosa. Enveloppe de pâte de forme triangulaire fourrée aux légumes épicés et frite.
Shradha. Rite funéraire au cours duquel on nourrit le défunt et les ancêtres.

Tandûri. Cuit (viande, poisson) dans le *tandûr* (four en terre).
Thandai. Lait parfumé à la poudre d'amande.
Tikka. Barbecue.
Til. Sésame.
Til alu. Pommes de terre au sésame. Recette p. 73.

Urad dâl. Petit haricot noir *(Phaseolus mungo)*.

Vada. Farine de pois ou de haricots mise à tremper et à fermenter, puis moulée en différentes formes, et frite ; il existe aussi des *vada* aux lentilles cuites, non moulues.

Yakhni. Curry de viande au yaourt. Recette p. 82.